情報II …学習ノート………

JN060054

目次

01 情報社会の進展 教科書 p.4～p.5

POINT

1. 新たな情報社会に向けての変化

（①　　　　　　）…情報および知識や技術が活動の基盤としてあらゆる領域で重要となる社会。

（②　　　　　　）…あらゆるものがインターネットとつながる仕組みのこと。

（③　　　　　　）…大量で種類が多く，時々刻々と生成されるデータ。

（④　　　　　　）…人の知的な活動をコンピュータにさせる技術。

（⑤　　　　　　）…データを解析し自動的に法則性を見出して学習する方法。

（⑥　　　　　　　　）…⑤をさらに発展させてより深く学習する仕組み。

（⑦　　　　　　　）…データ分析についての学問分野。

（⑧　　　　　　）…データを総合的に分析し，未来予測や意思決定に役立てること。

（⑨　　　　　　）…無人の航空機。

（⑩　　　　　　）…国際的に取り組みが進められている持続可能な開発目標。

（⑪　　　　　　）…技術などにより新たな価値を創出し社会を変革すること。

（⑫　　　　　　　）…④の発達により，④が人間の知性を超え加速度的に進化する転換点。

---

1 データから得られる知識の重要性 次の文の空欄に当てはまる語を答えなさい。

政治・経済・文化をはじめ社会のあらゆる領域で，情報および知識や技術が活動の基盤として重要となる（1　　　）となっている。

あらゆるものがインターネットとつながる（2　　　）の活用が進んでいる。（2）により，（3　　　）で計測された環境のデータ，機器の作動データ，人についてのデータなどを集めることが可能となった。

このようなデータは大量で種類が多く，時々刻々と生成され，（4　　　）と呼ばれる。また，データを用いて，言語の認識や推論，問題解決といった，人の知的な活動をコンピュータにさせる技術である（5　　　）の技術も発達した。データを解析し自動的に法則性を見出して学習する（6　　　）や，それをさらに発展させた（7　　　）を用いて(4)を解析する技術が進歩している。このような学問分野を（8　　　）という。

（8）の成果として新たな知見を得て，その知見を意思決定に役立てることができる。このようにデータを総合的に分析し，（9　　　）や意思決定に役立てることを（10　　　　）という。

<解答群>……………………………………

ア．センサ　イ．機械学習　ウ．シンギュラリティ　エ．データドリブン
オ．人工知能（AI）　カ．IoT　キ．SDGs　ク．アクチュエータ
ケ．データサイエンス　コ．知識基盤社会　サ．適応学習　シ．未来予測
ス．ビッグデータ　セ．深層学習　ソ．ドローン

(1)
(2)
(3)
(4)
(5)
(6)
(7)
(8)
(9)
(10)

　🛈Tips ドローンは航空法などの関係法令や地方公共団体が定める条例により，飛行許可が必要な空域や飛行禁止の空域がある。また，夜間飛行など飛行方法による許可が必要な場合もあるため，事前に確認が必要である。

2 情報技術など新しい技術の活用 次の文は，IoT，機械学習，ドローン，ロボットのいずれかの技術を用いて実現できることを説明したものである。どの技術を用いることで実現できるか，最も関係が強いものを選び答えなさい。

(1) 製造現場や建設現場などで働く作業員の体温や心拍数を測定し，健康状態を把握する。

(2) 相手の人と話をしたり，腕や足を動かして人と一緒に体操をしたりして，高齢者の介護の補助を行う。

(3) 土地勘がないタクシードライバーに対して，タクシーを待つ乗客がいそうな場所を予測して案内する。

(4) 山などで遭難が起きた時に，空中から映像を撮影して遭難者を発見したり，被害状況を確認したりして，災害救助に役立てる。

(1) _____
(2) _____
(3) _____
(4) _____

3 情報技術とSDGs 情報技術の活用によりSDGsの目標の達成に向けた想定される効果として当てはまるものを解答群から選び記号で答えなさい。

(1) AI・IoT・ビッグデータを活用した医療機会の提供

(2) 衛星・ドローン・センサを活用した情報収集・災害情報の配信

(3) 多様な情報へのアクセス，AIを活用した多言語翻訳システム

(4) ロボット・AIを活用した労働代替や障がい者支援

(5) AIを活用した個別教育プログラムの提供

＜解答群＞……………………………………………………………………

ア．災害被害の抑制・早期復旧，災害による死亡数の抑制

イ．地方創生，社会的包摂（しゃかいてきほうせつ）の実現

ウ．医療格差の是正，死亡率の低減，医師の負担軽減

エ．教育格差の是正，人材育成の促進

オ．労働生産性の向上，多様な人の就業機会増，人材配置の最適化・改善

(1) _____
(2) _____
(3) _____
(4) _____
(5) _____

4 情報技術の進展に対する不安 次の文章のうち，シンギュラリティを説明した文章を選び，記号で答えなさい。

ア．AIが運転する自動運転車が交通事故を起こした際に，責任の所在がわからなくなってしまう。

イ．単純労働だけでなく，知的労働を含め多くの職業が機械に奪われる。

ウ．偏ったデータを用いてデータの分析がなされることにより，差別的な推測による判断につながってしまう。

エ．AIが人間の知性を超え加速度的に進化する転換点で，大きな影響がもたらされ人間の生活が後戻りできないほど変容すると予想されている。

オ．あらゆるデータがIoTにより収集されてしまうことにより，プライバシーが守られなくなってしまう。

_____

①知識基盤社会　②IoT　③ビッグデータ　④人工知能（AI）　⑤機械学習　⑥深層学習（ディープラーニング）　⑦データサイエンス　⑧データドリブン　⑨ドローン　⑩SDGs　⑪イノベーション　⑫シンギュラリティ

02 | 知的活動の変化 教科書 p.6 ～ p.7

POINT

1. IoT を支える技術

（① ）…第 5 世代移動体通信システムのことで，超高速通信，超低遅延通信，多数同時接続ができる。

（② ）…通信速度を低く抑え，広域通信に対応した情報通信技術。

2. AI の発展による知的活動の変化

（③ ）…画像に写っているものを認識・特定する技術。

（④ ）…音声を分析し文字への変換や機器の操作を行う技術。

（⑤ ）…人間が日常的に使う言葉を理解できるようにする技術。

（⑥ ）…AI に学習させるデータが原因で差別的な結果が得られてしまう問題。

---

1 IoT 次の(1)～(8)に当てはまる語句を解答群から選び，記号で答えなさい。

(1)によりさまざまなもの（物）がインターネットに接続できるようになることにより，ものの(2)を知ったり，ものを(3)したり，ものどうしで(4)したりすることができるようになった。

また，(1)と(5)を組み合わせることにより，(1)で得られる(6)を効果的に活用することができる。例えば，気温や降水量，河川の水位などの気象(7)を(1)機器により測定し，その(7)を用いて(5)により(8)することができる。また，(5)で(8)された結果に応じて(1)機器を(3)するなど連携した活用が可能である。

(1) _____
(2) _____
(3) _____
(4) _____
(5) _____
(6) _____
(7) _____
(8) _____

＜解答群＞……………………………………………………………………
ア．制御　　イ．AI　　ウ．データ　　エ．ビッグデータ
オ．分析　　カ．IoT　　キ．通信　　ク．状態

2 IP アドレスの発展 次の(1)～(6)に当てはまる語句を解答群から選び，記号で答えなさい。

(1)による IP アドレスが枯渇する問題に対応するために，(2)よる IP アドレスの利用が広がった。これにより，(3)だけでなく(4)やセンサなどにも IP アドレスを付与して(5)に接続することができるようになり，(6)が可能となった。

(1) _____
(2) _____
(3) _____
(4) _____
(5) _____
(6) _____

＜解答群＞……………………………………………………………………
ア．IPv3　　イ．IPv4　　ウ．IPv5　　エ．IPv6　　オ．IPv7
カ．家電　　キ．IoT　　ク．AI　　ケ．コンピュータ
コ．インターネット

!Tips 人工知能が囲碁で人間に勝つのは困難とされていた。これは盤面が 361 箇所あり，コンピュータが探索に必要な局面が約 10^{360} 通りとされ，力任せに次の一手を読むことが限られた時間内ではできないことが理由である。

3 情報通信技術の発展　解答群のア～カは，(1)，(2)の通信技術の特徴ついて述べたものである。ア～カを(1)または(2)に分類しなさい。

(1) 5G

(2) LPWA

(1) _____

(2) _____

＜解答群＞………………………………………………………………………

ア．低消費電力　　イ．超高速通信　　ウ．多数同時接続

エ．長時間稼働　　オ．広域の通信　　カ．超低遅延通信

4 AIの発展　次の(1)～(6)は，解答群のいずれかの技術を用いて実現される。選択肢から当てはまるものを選び，答えなさい。

(1) がん細胞を発見する。

(2) 会議の議事録を作成する。

(3) 機械の動作音から異音を聞き取り，故障を発見する。

(4) 作曲をする。

(5) 短編小説を著す。

(6) 無人店舗で客が手に取った商品を認識する。

(1) _____

(2) _____

(3) _____

(4) _____

(5) _____

(6) _____

＜解答群＞………………………………………………………………………

ア．画像認識　　イ．音声認識　　ウ．AIによる創作

5 アルゴリズムの偏見　次の文章のうち，アルゴリズムの偏見に当たると考えられるものをすべて選びなさい。

ア．AIを利用して犯罪予測をしたところ，特定の人種の人が犯罪を犯す確率が高く予測される。

イ．将棋の対戦をするAIに最初に指す手を決めさせたところ，高い割合で同じ駒の動かし方をする。

ウ．スマートスピーカに今日の天気を尋ねたところ，高い割合で「今日は晴れです」と返答する。

エ．トルコ語で「o bir doktor」という文をAIを利用して英語に翻訳したところ，「he is a doctor」となり，トルコ語の「o bir hemsire」という文を英語に翻訳したところ「she is a nurse」となる。

オ．顔を認識するシステムにおいて表情を認識させたところ，特定の地域の人の笑顔は高い割合でまばたきと認識される。

カ．AIを利用して企業の人事採用を行ったところ，採用された人は，全員共通して特定の属性をもっていた。

03 ｜ X－Tech による社会の変化 　教科書 p.8～p.9

POINT

1．X－Tech

（①　　　　　　　　）…広告分野において情報技術を活用して生まれた新たな製品やサービス。

（②　　　　　　　　）…金融分野において情報技術を活用して生まれた新たな製品やサービス。

（③　　　　　　　　）…農業分野において情報技術を活用して生まれた新たな製品やサービス。

（④　　　　　　　　）…教育分野において情報技術を活用して生まれた新たな製品やサービス。

（⑤　　　　　　　　）…さまざまな分野で新たな価値や仕組みを提供する情報技術の活用。

2．EdTech

（⑥　　　　　　　　）…教材の配信，課題の提出，学習履歴の管理などを行う学習管理システム。

（⑦　　　　　）…仮想現実。

（⑧　　　　　）…拡張現実。

---

(1)
(2)
(3)
(4)
(5)
(6)
(7)
(8)
(9)
(10)
(11)
(12)
(13)
(14)
(15)
(16)
(17)
(18)

1 **X－Tech**　次の表の名称および活用事例の空欄を，それぞれの選択肢から選び，当てはまるものを答えなさい。

名称	活用分野	活用事例
(1)	広告	(2)
(3)	金融	(4)
(5)	農業	(6)
(7)	教育	(8)
(9)	小売	(10)
(11)	スポーツ	(12)
(13)	健康	(14)
(15)	医療	(16)
(17)	人材	(18)

＜名称＞……………………………………………

ア．EdTech　　イ．RetailTech　　ウ．FashTech
エ．SportsTech　　オ．AdTech　　カ．AgriTech
キ．FinTech　　ク．MedTech　　ケ．HealthTech
コ．HRTech

＜活用事例＞………………………………………

サ．Eコマース　　シ．スマートスタジアム　　ス．勤怠管理
セ．栄養管理　　ソ．スマートペイメント　　タ．自動収穫
チ．LMS　　ツ．バーチャルフィッティング　　テ．遠隔医療
ト．デジタルマーケティング

!Tips X－Tech の名称は，分野の名前と Tech を組み合わせることによる造語となっており，さまざまな名称が作られている。養鶏業に AI や IoT を導入したチキンテックという名称で紹介されたことがある。

2 **AdTech・FinTech** 解答群の文は(1)～(6)の語句について説明したものである。それぞれの語句の説明として当てはまるものを答えなさい。

(1) ターゲッティング広告

(2) デジタルマーケティング

(3) スマートペイメント

(4) ソーシャルレンディング

(5) クラウドファンディング

(6) ロボアドバイザー

(1) _____

(2) _____

(3) _____

(4) _____

(5) _____

(6) _____

＜解答群＞……………………………………………………………………

ア．事業の達成などを図るために，インターネットを経由して出資を募ることができるシステム。

イ．お金を借りたい会社とお金を運用して増やしたい人を結び付けるオンラインサービス。

ウ．Web サイトやスマートフォンアプリなどで資産運用のアドバイスや手伝いをしてくれるサービス。

エ．ユーザごとの検索キーワードや居住地などの条件に応じて対象を絞り込んで，それぞれの人に合わせた広告の配信を行うこと。

オ．クレジットカード，電子マネー，QR コードによる決済などにより，支払いや送金を行うことができる決済手段。

カ．Web サイトや SNS，スマートフォンのアプリなどを通じて得られるデータを，商品やサービスが売れる仕組みに活用する手法。

3 **EdTech** 次のア～オの文章のうち，EdTech に当てはまらないものを選び，答えなさい。

ア．インターネット上で配信されているさまざまな大学の講義を受講することができる。

イ．宇宙ステーションでの作業など現実では機会を作りにくいことや，建築現場での高い足場での作業などの危険を伴うことを疑似体験により学習できる。

ウ．AI により知識や技能がなくても，自分自身に代わってコンピュータが自動的に処理を行うことができる。

エ．学習者一人ひとりに内容や進度，難易度を合わせて学習することができる。

オ．オンラインによる質問やディスカッション，先生から課題を配信したり，生徒からその課題を提出するなどの双方向性の学習ができる。

① AdTech　② FinTech　③ AgriTech　④ EdTech　⑤ X－Tech　⑥ LMS　⑦ VR　⑧ AR

04 ｜ 情報セキュリティ 教科書 p.10〜p.11

POINT

1. 情報セキュリティの必要性

（①　　　　　）…個人情報や重要情報など
ような，データの中でも資産価値を生むもの。

（②　　　　　　　）…情報資産の盗聴
や改竄，破壊などの不正行為や，人的ミスや不
慮の事故などによる情報資産の消失といった危
険に対して講じる対策。

2. 情報セキュリティの3要素

（③　　　　）…認められた人だけが情報に
アクセスできるようにすること。

（④　　　　　）…情報にアクセスできる
権限。

（⑤　　　　　）…アクセスできるユー
ザを制限する機能。

（⑥　　　　）…情報が破壊や改竄されてい
ない状態を保つこと。

（⑦　　　　）…必要時に中断することなく
情報にアクセスできるようにすること。

3. VLAN

（⑧　　　　　）…物理的な接続に依存せず
に論理的なグループを作って，別々のLANと
して運用する手法。

4. ブロックチェーン

（⑨　　　　　　）…データをブロッ
クというまとまりで構成し，ブロックのつなが
りとして扱うことにより改竄ができないように
する技術。

（⑩　　　　　）…コンピュータどうしが
対等な関係として通信する方式。

（⑪　　　　　）…データから算出される
固有の値で，元のデータを逆算することができ
ない値。

（⑫　　　　　）…インターネット上でやり
取りできる財産的な価値をもつもの。

---

1 情報セキュリティ 次の文の空欄に適切な語句を解答群から選び，記号
で答えなさい。

(1) _____

(2) _____

(3) _____

(4) _____

(5) _____

(6) _____

(7) _____

(8) _____

(9) _____

(10) _____

　さまざまな(1)や重要情報などの(2)が処理され蓄えられている。(2)
が盗聴や (3)，破壊などの (4) の被害や，人為的 (5) や不慮の (6)
により消失する危険が考えられる。このような事態に備えて，(7) の
対策を講じる必要がある。

　(7) を確保するためには，認められた人だけが情報にアクセスでき
る状態を確保する (8)，情報が破壊や (3) をされていない状態を保つ
(9)，必要時に中断することなく情報にアクセスできるようにする (10)
が求められる。

＜解答群＞･･
ア. 情報セキュリティ　イ. 情報資産　ウ. 知的財産
エ. 完全性　オ. 不正行為　カ. 可用性　キ. 改竄　ク. 真正性
ケ. ミス　コ. 機密性　サ. 個人情報　シ. 信頼性　ス. 事故

Tips 情報セキュリティの対策と1つとしてOSのアップデートがある。企業などの組織では管理するためのコンピュータが多いため，ア
ップデートを一元管理するためにWSUSというサービスが利用されることが多い。

2 情報セキュリティの3要素 次の(1)〜(9)の文は，情報セキュリティの対策について述べたものである。それぞれの対策について情報セキュリティの3要素のうち当てはまるものを解答群から選び，答えなさい。

(1) 電子署名を用いてファイルが変更されていないことを確かめている。

(2) 変更履歴のログを取得している。

(3) データを保管しているエリアへの立ち入り制限をしている。

(4) 定期的にデータのバックアップを取っている。

(5) ユーザIDとパスワードにより認証を行っている。

(6) Webサイトに改竄検知サービスを導入している。

(7) 災害時の復旧計画を立てている。

(8) 予備サーバを用意している。

(9) ファイルやフォルダに対して閲覧・編集・実行権限を設定している。

(1) _____
(2) _____
(3) _____
(4) _____
(5) _____
(6) _____
(7) _____
(8) _____
(9) _____

＜解答群＞
ア．機密性　　イ．完全性　　ウ．可用性

3 VLAN 次のア〜オの文章のうち，VLANの特徴について述べているものをすべて選びなさい。

ア．ネットワークを物理的な接続によりグループを作ってLANを運用する手法である。

イ．異なるグループ間の通信を遮断する。

ウ．物理的なグループ（ポート）単位でのアクセス制御を行う。

エ．利用者単位でフォルダやファイルのアクセス権を設定する。

オ．情報セキュリティの3要素のうち，機密性を確保するための方法になっている。

4 ブロックチェーン 次のア〜エの文章のうち，ブロックチェーンの特徴について述べているものをすべて選びなさい。

ア．情報の改竄を困難にする仕組みである。

イ．クライアントサーバ方式によりデータを共有する。

ウ．記録されるデータは，ブロックというまとまりで構成される。

エ．各ブロックには，別のブロックをもとにして計算された暗号データが含まれ，その暗号データは復号して元のデータに戻すことができる。

オ．データを改竄しても，複雑な仕組みのため見破られることはない。

カ．情報の改竄が困難であることから，暗号資産の取引などに用いられている。

05 | クラウドサービスの利用 教科書 p.12〜p.13

POINT

1. クラウド利用の広がり

（①　　　　　　）…サーバやデータベースを組織の管理下に置く運用。

（②　　　　　　）…ユーザの要求に応じてサービスを提供すること。

（③　　　　　　）…組織外部に置かれたサーバやサービスなどを必要な時だけ利用する。

2. クラウドの形態

（④　　　　　　）…サーバやデータ保存領域などのハードウェアが③上で提供される形態。

（⑤　　　　　　）…プログラミング言語やデータベースを管理できる環境などの開発環境が③上に提供される形態。

（⑥　　　　　　）…メールソフトウェアなどのアプリケーションソフトウェアが③上のサービスとして提供される形態。

3. クラウド利用における情報セキュリティ

（⑦　　　　　　）…2回の認証によりユーザを認証すること。

---

1 クラウド利用の広がり　次の文の空欄に適切な語句を解答群から選び，記号で答えなさい。

(1)＿＿＿＿＿＿＿＿
(2)＿＿＿＿＿＿＿＿
(3)＿＿＿＿＿＿＿＿
(4)＿＿＿＿＿＿＿＿
(5)＿＿＿＿＿＿＿＿
(6)＿＿＿＿＿＿＿＿
(7)＿＿＿＿＿＿＿＿
(8)＿＿＿＿＿＿＿＿

　企業などの組織では，顧客情報など組織外部に対して（1）を多く扱っている。そのため，(2) やデータベースなどを組織の管理下に置く (3) での運用が一般的であった。

　インターネットでの高速通信が可能となり，また業務を効率化のため，業務の（4）が広がり始めた。その結果，組織外部に置かれた（2）やサービスなどを，(5) で必要なときだけ利用する運用が広まった。このような運用形態を（6）という。

　また，(7) により，Web上で公開されている（8）の情報や機能の一部を呼び出すことによる運用も行われている。

＜解答群＞……………………………………………………………

ア．サーバ　　イ．クラウド　　ウ．機密情報　　エ．Web API
オ．アプリケーション　　カ．オンデマンド　　キ．インハウス
ク．オンプレミス　　ケ．クライアント　　コ．アウトソーシング

(1)＿＿＿＿＿＿＿＿
(2)＿＿＿＿＿＿＿＿
(3)＿＿＿＿＿＿＿＿
(4)＿＿＿＿＿＿＿＿

2 クラウド利用　次の(1)〜(4)の文はオンプレミスまたはクラウドのいずれかについて説明した文である。いずれに当たるかを答えなさい。

(1) サーバやソフトウェアなどを自分で用意する必要がないため，初期費用を安く抑えることができる。

(2) 利用者が組織の内部の人に限られるため，セキュリティが高い。

(3) サーバへのアクセスが集中した場合でも，一時的に利用するサーバの台数を増やすことができる。

(4) 申し込みをしてアカウントを発行すれば，すぐに利用を開始することができる。

！Tips クラウドコンピューティングという用語が最初に使用されたのは，2006年8月9日に開催された「検索エンジン戦略会議」において Google の CEO であったエリック・シュミットの発言であったとされている。

3 クラウドの形態　次の(1)～(9)の文は，クラウドの3つの形態 IaaS，
PaaS，SaaS のいずれかの特徴について述べたものである。どの形態
について述べたものか当てはまるものを選び，答えなさい。

(1) サーバやデータ保存領域などのハードウェアが，クラウド上で提供
される形態である。

(2) CPU やメモリの構成を利用者が決めることができ，一時的なアクセ
ス集中にも柔軟に対応することが可能である。

(3) 開発に使用できるプログラミング言語は提供されるものに限られる。

(4) ハードウェアに加えて，プログラミング言語やデータベースを管理
できる環境も提供される形態である。

(5) 基本的には利用者はアプリケーションの設定を変更することはでき
るが，それ以外のサーバの設定などを変更することはできない。

(6) OS や開発環境のインストールおよびセキュリティ対策などは，自分
で行う必要がある。

(7) クラウドを利用したオフィスソフトウェアや Web メールなどのサー
ビスが提供される形態である。

(8) ハードウェアや OS に加え，アプリケーションソフトウェアも提供
される形態である。

(9) 開発環境の管理を行う必要がなく，アプリケーションソフトウェア
の開発に専念することができる。

(1)	
(2)	
(3)	
(4)	
(5)	
(6)	
(7)	
(8)	
(9)	

4 クラウド利用における情報セキュリティ　次のア～キの文のうち，クラ
ウド利用における情報セキュリティとして適切なものをすべて選びなさ
い。

ア．クラウドを契約している本人のみがアクセスすることができるた
め，他の人からのアクセスについて心配する必要はない。

イ．SSL 通信や無線 LAN の暗号化の仕組みを利用するなど，盗聴の対
策をする必要がある。

ウ．二段階認証は2回の認証が必要であり手間が増えるため，できる
限り二段階認証は利用しない方がよい。

エ．クラウドであっても，コンピュータを利用していることは個人で用
いるコンピュータと大きく変わらないため，セキュリティ対策は，
個人用の対策と同じレベルで充分である。

オ．クラウドであってもアンチウィルスソフトウェアを導入し，マルウ
ェアをスキャンする対策が必要である。

カ．クラウドでは，データの保存場所やサーバが日本国内にあるとは限
らないため，外国の法律が適用され法令違反になる可能性も考慮す
る必要がある。

キ．クラウドサービス事業者を選定するのも利用者側の責任になるた
め，クラウドサービス事業者がどのような情報セキュリティ対策を
行っているか調べることも必要である。

06 | 法と制度の整備 教科書 p.14～p.15

POINT

1. 情報セキュリティに関する法整備

（①　　　　　　　　　　　　　）…サイバーセキュリティ戦略の策定の基本事項を規定した法律。

（②　　　　　　　　　　　）…具体的な不正アクセス行為を禁止する法律。

（③　　　　）…犯罪と刑罰に関する法律で，コンピュータやインターネットを用いて不正を行うことに対しての犯罪とその処罰についても規定されている。

2. 情報活用と法整備

（④　　　　　　　　　）…個人情報を取り扱うすべての事業者が遵守すべき義務を定めた法律。

（⑤　　　　　　　　　）…個人情報のうち，本人に対する不当な差別，偏見その他の不利益が生じないように特に配慮を要する個人情報。

（⑥　　　　　　　　）…個人を特定できないように加工したデータ。

3. 組織における情報セキュリティの確保

（⑦　　　　　　　　　　　　　）…企業や組織において情報セキュリティの確保に組織的，体系的に取り組むこと。

（⑧　　　　　　　　　　　　）…企業や組織において実施する情報セキュリティ対策の方針や行動指針。

---

1 不正アクセス禁止法　次の不法行為は不正アクセス禁止法と刑法のいずれで規定されているか，解答群の記号で答えなさい。

(1) クレジットカードで支払いを行う Web ページに似せた Web ページに誘導して，クレジットカード番号などの情報を不正に取得した。

(2) ウイルスを作成して，他人のコンピュータが正常に動作しないようにした。

(3) 他人の ID とパスワードを偶然知ることができたので，それを SNS で拡散した。

(1) ＿＿＿＿＿＿＿＿

(2) ＿＿＿＿＿＿＿＿

(3) ＿＿＿＿＿＿＿＿

＜解答群＞……………………………………………………………………

ア．不正アクセス禁止法　　イ．刑法

2 著作権　著作権法第三十条の四により，著作物に表現された思想または感情の享受を目的としない利用については，著作者の許諾を得ることなく利用できることが示されている。これにより，期待できることとして当てはまるものを選びなさい。

ア．すべての人がいつでも著作権を気にしないで著作物を利用できる。

イ．家庭内での利用で許諾が必要ないため，手続きが楽になる。

ウ．機械学習などの解析に利用できるため，イノベーションが創出できる。

エ．同時配信に著作物が利用できるため，高度な教育を受けることができる。

＿＿＿＿＿＿＿＿

!Tips 著作権法は繰り返し改正されいてる。特に平成 30 年には，環太平洋パートナーシップに関する包括的および先進的な協定（TPP11協定）が発効したことにより，同じ年に 2 回改正が行われることとなった。

3 法整備 次の(1)〜(7)の文と関係する法律を解答群から選び，記号で答えなさい。

(1) 事業者が個人情報を取り扱う時に利用目的を明確にし，その目的以外に個人情報を利用することを制限している。

(2) サイバーセキュリティに関する施策を総合的かつ効率的に推進するため，基本理念を定め，国の責務などを明らかにしている。

(3) データの改竄に関する罪，ウイルス作成や不正アクセスに関する罪，電子計算機を使用した詐欺罪などを規定している。

(4) なりすまし行為やセキュリティホールを攻撃する行為などを禁止している。

(5) 匿名加工情報を利用するルールについて定めている。

(6) 著作物に表現された思想または感情の享受を目的としない利用について著作者の許諾を得ることなく自由に利用できると規定されている。

(7) ID やパスワードを第三者に提供する行為やフィッシング行為などを禁止している。

(1)	
(2)	
(3)	
(4)	
(5)	
(6)	
(7)	

＜解答群＞……………………………………………………………………
ア．個人情報保護法　　イ．不正アクセス禁止法　　ウ．著作権法
エ．刑法　　オ．サイバーセキュリティ基本法

4 個人情報 次の個人情報のうち，個人識別符号（対象者ごとに割り振られる符号），要配慮個人情報に当たるものをすべて選び，記号で答えなさい。

ア．ポイントカードの購買履歴　　イ．病歴　　ウ．住所
エ．旅券番号　　オ．障がい　　カ．交通系 IC カードの乗車履歴
キ．手指の静脈　　ク．顔画像　　ケ．マイナンバー　　コ．人種

個人識別符号

要配慮個人情報

5 情報セキュリティマネジメント 次の(1)〜(3)の文は，情報セキュリティポリシーとして定めたものである。基本方針，対策基準，実施手順のいずれに該当するものか答えなさい。

(1) 組織の関係者が，業務上扱うネットワークおよび情報システムにおいて，情報セキュリティポリシーを実行するために具体的なマニュアルとして定めたもの。

(2) 情報セキュリティに対する組織としての統一的かつ基本的な考え方を示し，目的，対象範囲，体制，義務等を定めたもの。

(3) 適切な情報セキュリティレベルを確保，維持するための管理面および技術面における具体的な遵守事項や基準を定めたもの。

(1)	
(2)	
(3)	

07 メディアとさまざまなコンテンツ 教科書 p.16 ～ p.17
08 コミュニケーションの多様化 教科書 p.18 ～ p.19

POINT

07 メディアとさまざまなコンテンツ

1. 情報を表現するためのメディア

（①　　　　　　）…情報のやり取りを媒介するもの。

（②　　　　　　）…①を用いて表現された情報の内容。

（③　　　　　　）…情報を単純化して図形として表現した記号。

（④　　　　　　）…静止画と文字や図形を組み合わせてわかりやすく表現したもの。

2. デバイスの進歩

（⑤　　　　　　）…利用者と機械との情報のやり取りの際に接する部分。

（⑥　　　　　　）…コンピュータの周辺機器や情報端末などの装置。

（⑦　　　　　　）…画面に情報を表示し，触れることにより操作できる⑥。

（⑧　　　　　　）…動きを読み取る⑥。

（⑨　　　　　　）…頭部に装着してコンテンツが出力される⑥。

（⑩　　　　　　）…めがねと同様に装着して，実際の光景と情報を重ねて表示できる⑥。

3. コンテンツ演出技術の進歩

（⑪　　　　　　）…街中で広告の表示などの目的で用いられる電子看板。

（⑫　　　　　　）…プロジェクタなどを用いて建物などの立体物に投影する技術。

08 コミュニケーションの多様化

（⑬　　　　　　）…AIによるアシスタントをもつスピーカ。

（⑭　　　　　　）…利用者が情報を共有するなどによりコミュニケーションをはかる媒体。

（⑮　　　　　　）…同じ思考をもつ人がつながりある1つの意見に流され大きな流れとなる現象。

（⑯　　　　　　）…ソーシャルメディアなどで自分が発信した内容と同じ意見が返ってくる現象。

---

1 情報を表現するメディア 次の表は，情報を表現するためのメディアの特徴を整理したものである。文中の(1)～(9)に当てはまる語句を解答群から選び，記号で答えなさい。

メディア	特徴
文字	(1) が容易，(2) な概念を表現しやすい
音声	(3) への伝達が可能，警報音など (4) に伝えることができる
図形	形や色に (5) することで，短時間で意味を伝えることができる
静止画	表情など (6) も伝えることができる
動画	(7) とともに，物体の (8) や (9) な状況の変化を表現できる

(1) ＿＿＿＿＿＿＿

(2) ＿＿＿＿＿＿＿

(3) ＿＿＿＿＿＿＿

(4) ＿＿＿＿＿＿＿

(5) ＿＿＿＿＿＿＿

(6) ＿＿＿＿＿＿＿

(7) ＿＿＿＿＿＿＿

(8) ＿＿＿＿＿＿＿

(9) ＿＿＿＿＿＿＿

＜解答群＞……………………………………………………………………

ア．具体的　　イ．特定の方向　　ウ．抽象的　　エ．感覚　　オ．論理

カ．時間的　　キ．美しい表現　　ク．全方向　　ケ．動き　　コ．丁寧

サ．論理　　シ．意味付け　　ス．音声　　セ．瞬時　　ソ．記述

!Tips 温泉を表すピクトグラムは3本の曲線で湯気を表現しただけものと，湯気と3人の入浴する人を表現したものの2種類が規格として定められており，表示者などの判断で選択できることになっている。

2　デバイスとコンテンツ　次の(1)～(7)の文は，選択肢に書かれたデバイスまたはコンテンツのいずれかを利用することにより実現できることである。それぞれの文に書かれたことと最も関係があるものを選択肢から選び，記号で答えなさい。

(1) 情報が表示された画面を直接指やペンで触れることにより操作できるようにする。

(2) 指の動きや身体全体の動きで機器を操作できるようにしたり，動きを記録して分析に用いることができるようにする。

(3) 視界全体にコンテンツを表示し，頭や身体の動きに応じて表示する映像を連動させることによりVRを実現する。

(4) めがねのようにレンズ越しの景色を見ることができ，その景色に情報を重ねて表示することによりARを実現する。

(5) 静止画だけでなく動画も用いて広告を表示する。

(6) コンピュータグラフィックスを建物などの立体物に投影し，イベントなどで活用する。

(7) 声で話しかけることにより，音声アシスタントと対話したり，ニュースや天気予報などを読み上げさせたりする。

(1) _____

(2) _____

(3) _____

(4) _____

(5) _____

(6) _____

(7) _____

＜選択肢＞……………………………………………

ア．モーションセンサ　　　　　イ．タッチパネル

ウ．ヘッドマウントディスプレイ　エ．インフォグラフィックス

オ．ウェアラブルカメラ　　　　カ．デジタルサイネージ

キ．スマートグラス　　　　　　ク．スマートスピーカ

ケ．ドローン　　　　　　　　　コ．プロジェクションマッピング

3　ソーシャルメディア　次の文はソーシャルメディアの特徴または課題について書かれたものである。ソーシャルメディアの特徴または課題に当てはまるものをすべて選び，記号で答えなさい。

ア．ソーシャルメディアは積極的に情報を発信するためのツールであり，利用するためには，毎日何かしらの情報を発信しなければならない。

イ．ソーシャルメディアを活用すると，日常の生活では知り合うことができない遠方にいる同じ趣味の人と知り合うことも可能である。

ウ．ソーシャルメディアは連絡手段にはなり得ない。

エ．ソーシャルメディアは即時性が高いものが多く，災害時など緊急の状況において情報収集の目的で利用できる。

オ．ソーシャルメディアでつながる人は，自分と同じ傾向の人が多くなりやすく，自分と同意見の人が多数であると認識してしまう可能性がある。

カ．ソーシャルメディアでは，自分の直接の知人以外にも自分の発言が伝わり，全く知らない人からも批判的な書き込みを受ける可能性がある。

---

①メディア　②コンテンツ　③ピクトグラム　④インフォグラフィックス　⑤ユーザインタフェース　⑥デバイス　⑦タッチパネル
⑧モーションセンサ　⑨ヘッドマウントディスプレイ　⑩スマートグラス　⑪デジタルサイネージ　⑫プロジェクションマッピング
⑬スマートスピーカ　⑭ソーシャルメディア　⑮サイバーカスケード　⑯エコーチェンバー

09 ｜ コンテンツの制作 教科書 p.20 ～ p.23

POINT

1. Web ページの制作

（①　　　　　　　　　　）…集団でアイデアを出し合うことで互いを刺激し合うことにより，幅広いアイデアを出し創造的な発想を生むことが目的の会議の手法。

（②　　　　　　　）…整理したいものを付せんやカードなどに書き，種類ごとに整理し，全体の構成を組み立てていく手法。

（③　　　　　　　　　　）…ページの構造を可視化してイメージがわかるようにした設計図。

（④　　　　　　　　）…Web サイトなどの試作品。

（⑤　　　　　　　）…文字が画像だけでなく，音声や動画も扱うことができる HTML の規格。現在では，HTML Living Standard という新規格が発表されている。

1 Web ページの制作　次の表は Web ページの制作の過程の順についてまとめたものである。制作過程について当てはまるものを解答群 A から，それぞれの過程を説明した文として当てはまるものは解答群 B からそれぞれ選びなさい。

(1)

(2)

(3)

(4)

(5)

(6)

(7)

(8)

(9)

(10)

制作順	制作過程	説明
①	(1)	(2)
②	(3)	(4)
③	(5)	(6)
④	(7)	(8)
⑤	(9)	(10)

＜解答群 A＞……………………………………………………………………

ア．設計　　イ．評価　　ウ．制作　　エ．運用　　オ．企画

＜解答群 B＞……………………………………………………………………

カ．Web ページが目的とする効果を得られているかなどの観点を定めて Web ページの評価を行う。

キ．Web ページに掲載する内容を整理し，構成を組み立て，わかりやすい構成になるように検討する。

ク．文章や写真，イラスト，動画等 Web ページの素材となるものを用意し，HTML，CSS，JavaScript などを用いて制作する。

ケ．Web ページの効果の目的を明確にし，Web ページ制作全体の計画を行う。

コ．Web ページを構成しているファイルを Web サーバにアップロードし，正しく表示されるか，JavaScript のプログラムが正しく動作しているかなどについて確かめる。

2 **ブレーンストーミング**　次のア～エの文のうち，ブレーンストーミングを行う時の原則として適切なものをすべて選び，記号で答えなさい。

ア．目的に合うアイデアかどうか判断して，結論に合う意見を出す。

イ．自由奔放にアイデアを出す。

ウ．量より質を重視する。

エ．アイデアどうしを結合させる。

3 **KJ法**　次のア～エの文は，KJ法の概要について述べたものである。KJ法を行う時の順序に並べ替えなさい。

ア．意味の近さを考えて並べ，まとまりを丸で囲んだり矢印を書き込んだりして図式化する。

イ．1つのアイデアを1枚の付せんやカードに記入する。

ウ．図示された全体の関係性をもとに1つの文章にする。

エ．アイデアが書かれたカードを分類してグループを作る。

　　　　　　　　　　　→
　→　　　　→

4 **ワイヤーフレーム**　次の図はWebページの構造を検討する際に作成したワイヤーフレームである。(1)～(5)はどのような要素になっているか解答群から選び，当てはまるものを選びなさい。

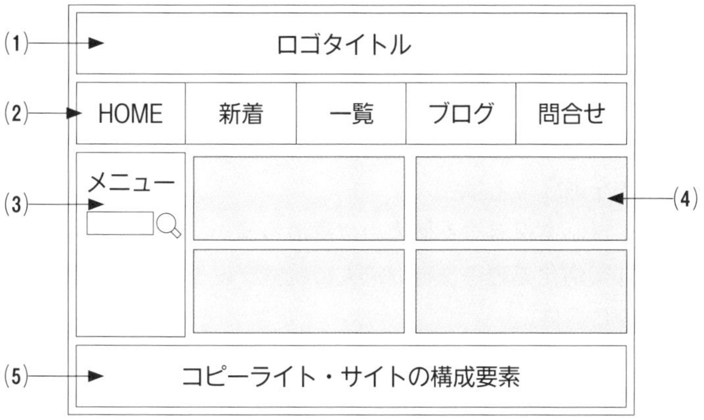

(1) → ロゴタイトル

(2) → | HOME | 新着 | 一覧 | ブログ | 問合せ |

(3) → メニュー

(4) ←

(5) → コピーライト・サイトの構成要素

(1)
(2)
(3)
(4)
(5)

＜解答群＞……………………………………………………………………

ア．フッタ　　イ．グローバルナビ　　ウ．サイドナビ

エ．ヘッダ　　オ．メインコンテンツ

5 **Webページに用いる言語**　次の(1)～(3)の文はWebページに用いる言語について説明した文である。当てはまる言語を解答群から選びなさい。

(1) Webページ内の要素の大きさや位置，デザインを記述する。

(2) Webページの要素や構造を記述する。

(3) 操作などによる変化や動きのプログラムを記述する。

＜解答群＞……………………………………………………………………

ア．JavaScript　　イ．HTML　　ウ．CSS

(1)
(2)
(3)

1 **情報社会の進展**　次の文章を読み，問いに答えなさい。

　デジタル・ネットワークの発達とスマートフォンや（①）等（②）機器の小型化・低コスト化による（②）の進展により，インターネットやテレビでの視聴・消費行動等に関する情報や，小型化した（①）から得られる膨大なデータ（③）を効率的に収集・共有できる環境が実現され，膨大な計算処理能力を備えていない機器であっても（④）上で計算を行うことが可能となり，計算環境が進化している。特に，（⑤）等によるデータ処理の高付加価値化・自律化によって爆発的に拡大するデータ流通を，（⑤）等によってデータの分析技術が高度化されることで，_Aデータの利活用による付加価値や（⑥）の創出が加速している。

（総務省「平成 29 年版情報通信白書」）

⑴ 文中の①〜⑥に当てはまる語句を解答群から選び，記号で答えなさい。

＜解答群＞……………………………………………………………………
ア．IoT　イ．データドリブン　ウ．アクチュエータ　エ．センサ
オ．ビッグデータ　カ．シンギュラリティ　キ．AI　ク．クラウド
ケ．オンプレミス　コ．イノベーション

⑵ 下線部 A にあるデータの利活用について，次の①〜③の文は上の文章と同じ報告書に例示されたものである。解答群から最も関連する語句を選び答えなさい。

① 携帯電話を保有する個人の位置情報等を，個人が特定できないように非識別化処理等を行い，人口統計データとして事業者や地方自治体等に提供。

② ウェアラブル端末をつけている個人から活動量（移動距離，睡眠時間等）や身長・体重などのデータを収集することで，見える化サービスや当該データを分析，または医療機関等への提供を通じて，生活改善サービス等を提供。

③ 個人資産管理サービスなどにおいて，ネットバンキングの契約者 ID にひもづく各種預金などの複数の口座情報の参照・管理を可能化する金融 API 連携サービス。

＜解答群＞……………………………………………………………………
ア．AdTech　　　イ．HealthTech　　　ウ．FinTech
エ．匿名加工情報　　オ．要配慮個人情報

p.4 〜 p.9，p.12 〜 p.15

⑴①

　②

　③

　④

　⑤

　⑥

⑵①

　②

　③

2 組織におけるセキュリティの確保 次の①〜③の文を読み，問いに答えなさい。

① 事務従事者は，要保全情報もしくは要安定情報である電磁的記録または重要な設計書について，滅失，消失または改竄されるおそれが大きく，業務の遂行に支障を及ぼす可能性が高いと判断される時は，バックアップまたは複写を取得すること。

② ネットワークの断絶によって重大な影響を及ぼすネットワーク機器については，多重化により信頼性を確保しなければならない。

③ すべての事務従事者に対して情報セキュリティに関する教育・訓練を定期的に実施し，情報セキュリティに対する意識の維持及び向上を図る。

p.10 〜 p.11，p.15

(1) 上の①〜③の文は情報セキュリティポリシーとして書かれた文である。基本方針，対策基準，実施手順のいずれに当たるかを答えなさい。

(2) 上の①，②の文は情報セキュリティの3要素（機密性，完全性，可用性）のいずれかに対応している。3要素のうち，どの要素に対応しているか答えなさい。

(1)①_____
②_____
③_____
(2)①_____
②_____

3 コンテンツの制作 次の①〜⑤の文は，Webページの制作過程について述べたものである。次の問いに答えなさい。

① HTMLにより文章を構造化し，CSSによりデザインを整え，JavaScriptにより動作するようにしてWebページを完成させる。

② Webページの試作品であるプロトタイプを作成し，Webページとしての実現可能性を確かめたり，画面遷移が適切であるかを調べたりするなどして問題点を洗い出す。

③ Webページを公開し，誤字脱字やリンク切れなど不具合が起きていないか確かめる。

④ 製品やサービスを利用する象徴的なユーザや顧客の仮想人格としてペルソナを定め，そのペルソナの趣味や嗜好などを詳細に推測する。

⑤ Webページが閲覧された回数や，閲覧を終了してWebサイトを離脱することが多いページなどを調べ，閲覧者にとってわかりやすい構成になっているかを確かめる。

(1) ①〜⑤の文で，Webページの制作過程のうち最も近いものを解答群から選び，記号で答えなさい。

＜解答群＞

ア．設計　　イ．評価　　ウ．運用　　エ．制作　　オ．企画

(2) ①〜⑤の文をWebページの制作する際に行う順に並べなさい。

(1)①_____
②_____
③_____
④_____
⑤_____
(2)　　→　　→
　　→　　→

01 | データサイエンスと社会 教科書 p.26 〜 p.27
02 | データの収集 教科書 p.28 〜 p.29

POINT

01 データサイエンスと社会

1. ビッグデータとデータサイエンス

（①　　　　　　　）…情報通信技術の普及に伴い生み出される膨大で多様なデータ。

（②　　　　　　　）…データを処理・分析し，データから価値を創造するための技術。

（③　　　　　　　）…数学・計算科学・統計学の土台の上で②のスキルを備えた人材。

2. データを用いた問題解決

データの分析に基づく問題解決は，一般に以下の過程を踏んで行う。

・問題の発見

・データの（④　　　　）

・データの整理と変換

・データの（⑤　　　　　　　）

・分析結果の検証と評価

02 データの収集

1. データの種類

（⑥　　　　）…調査や実験などにより観測対象の観測値をまとめたもの。

（⑦　　　　　　）…⑥の内，対象を定量的な値で表したもの。

（⑧　　　　　　）…⑥の内，対象がある状態にあることを表したもの。

2. データの収集

観測したものとしなかったものの差異によって生じる（⑨　　　　　　）や観測の方法によって生じる（⑩　　　　　　）に留意する。また，観測された値と真の値の差である（⑪　　　）にも留意する。第三者が収集したデータを利用する際は，内容や公開元の検証を行い（⑫　　　　）を確認する。

---

1 **ビッグデータとデータサイエンス** 次の(1)〜(5)の空欄に当てはまる適切な語句を解答群から選び，記号で答えなさい。

　データサイエンティストは，専門家と適切に (1) をはかりながらデータを (2) し有益な情報を引き出す。その上で，分析結果を (3) に対してわかりやすく伝え，(4) につなげていく役割を果たす。

<解答群>……………………………………………………………………

ア．問題解決　イ．分析　ウ．コミュニケーション　エ．意思決定者

(1) ＿＿＿＿＿＿＿

(2) ＿＿＿＿＿＿＿

(3) ＿＿＿＿＿＿＿

(4) ＿＿＿＿＿＿＿

2 **データを用いた問題解決** 次のア〜オの文のうち，データの分析に基づく問題解決の過程の説明として適切なものをすべて選びなさい。

ア．問題の発見の過程では，問題に関して，検証可能な形の課題を設定し課題に対する仮説を設定する。

イ．データの収集の過程では，問題解決に必要なデータを選定・収集する。

ウ．データの整理と変換の過程では，データの欠損値や外れ値を無視して分析が適用できる形にデータの整形や加工の処理を行う。

エ．データの分析と可視化では，記述統計や可視化によりデータの性質を理解し，仮説検証や課題解決に資するパターンや規則の抽出を行う。

オ．分析結果の検証と評価の過程では，一度きりの分析と評価の結果をもとに問題の解決に有益な知見を抽出する。

　Tips データサイエンティストという言葉は 2005 年の米国国立科学財団（NSF）のレポートにおいてデジタルデータの収集管理を担う職業として参照された。2008 年のハーバードビジネスレビューの記事では 21 世紀で最も魅力的な職業として紹介された。

3 データの種類　次の(1)～(2)のデータの例を解答群からすべて選び，記号で答えなさい。

(1) 量的データ　　　　(2) 質的データ

<解答群>・・

ア．金額　　イ．郵便番号　　ウ．温度　　エ．天気

オ．重さ　　カ．面積　　　　キ．血液型　　ク．順位

(1) ＿＿＿＿＿＿＿＿＿

(2) ＿＿＿＿＿＿＿＿＿

4 実験と調査によるデータ収集　次の(1)～(4)はデータ収集におけるどのような留意点に対応するか。次の解答群から選び，記号で答えなさい。

(1) 観測対象の過少申告や過剰反応などによるデータの偏り。

(2) 観測対象において系統的に発生する一定の傾向をもったデータのずれ。

(3) 観測対象とした集団の性質の偏りによるデータの偏り。

(4) 観測対象において偶然に生じるデータのずれ。

(1) ＿＿＿＿＿＿＿＿＿

(2) ＿＿＿＿＿＿＿＿＿

(3) ＿＿＿＿＿＿＿＿＿

(4) ＿＿＿＿＿＿＿＿＿

<解答群>・・

ア．選択バイアス　イ．情報バイアス　ウ．偶然誤差　　エ．系統誤差

5 個人情報の扱い　収集の際，あらかじめ利用目的を公表しておくか，または取得後速やかに利用目的を観測対象に知らせなければならないデータに該当するものを解答群からすべて選び，記号で答えなさい。

<解答群>・・

ア．生年月日　　イ．顔画像　　ウ．気温　　エ．マイナンバー

オ．人口　　　　カ．株価　　　キ．氏名　　ク．病歴

6 インターネットからのデータ収集　次のア～カの文で，インターネットからのデータ収集の説明として適切なものをすべて選びなさい。

ア．データ分析において，第三者が収集したデータを利用することは多大な費用や時間が必要となり，あまり行われることはない。

イ．第三者が収集したデータであれば個人情報の扱いには留意する必要がない。

ウ．データの観測値をカンマなどの記号で区切って表したデータ形式をCSV 形式と呼ぶ。

エ．データの観測値をその種類を示すタグとともに表したデータ形式をXML 形式と呼ぶ。

オ．Web API を用いることで Web サービスからデータを取得することが可能である。

カ．公開されているデータは，その収集方法や内容，公開元に関わらず常に信憑性を確認することなく利用するのがよい。

03 データの整理と変換 教科書 p.30 ～ p.31

POINT

1. データの整形

（①　　　　　）…文字列の表記が統一されていないこと。

（②　　　　）…①に対して表記を統一するための処理。

（③　　　　　）…データの値の分布が平均0, 分散1になるように変換するための処理。

データの整形には（④　　　）や（⑤　　　　）などのソフトウェアを利用することができる。

2. 欠損値と外れ値の処理

（⑥　　　　）…データの中で観測できておらず欠損している値。

（⑦　　　　）…データの他の値から大きく異なった値。

---

1 **表記揺れと名寄せ**　店舗ごとの商品の売り上げを集計した以下のデータを考える。

日付	店舗ID	都道府県	商品ID	単価	個数
2022/4/1	A	東京	X	2000	100
2022/4/2	A	とうきょう	Y	1000	200
令和4年4月1日	B	大阪	Y	1000	50
令和4年4月2日	B	おおさか	X	2000	150
2022年4月1日	C	福岡	X	2000	30
2022年4月2日	C	ふくおか	Z	500	100
2022年4月2日	C	ふくおか	Z	500	100

次のア～オの文章のうち，データの表記揺れに対する名寄せの処理の説明として適切なものをすべて選びなさい。

ア．日付の表記を西暦/月/日のような共通の形式に統一するのがよい。

イ．店舗IDは実際の店舗名として表記するのがよい。

ウ．都道府県の表記を漢字または平仮名に統一するのがよい。

エ．商品IDは企業名を含めて表記するのがよい。

オ．単価はすべて改めて漢数字の表記に統一するのがよい。

2 **表計算ソフトウェア**　店舗ごとの商品の売り上げを集計した上記のデータについて，次のア～エの文章のうち，表計算ソフトウェアを用いたデータの処理の説明として適切なものをすべて選びなさい。

ア．ある店舗のある商品の売り上げデータを分析するため，店舗IDと商品IDの列を対象に検索し，条件に合う行を抽出する。

イ．ある価格以上の商品の売り上げデータを分析するため，商品IDと個数の列を対象に検索し，条件に合う行を抽出する。

ウ．売り上げ金額データを分析するために，単価と個数の列を元に新たに「売り上げ金額」という列を新たに作成する。

エ．売り上げデータを時系列に分析するため，名寄せ済みの日付の列を元に行の並び替えを行う。

!Tips 「名寄せ」は，元々は金融機関において同一顧客の複数口座として一元管理する業務を意味する言葉であった。データの分析においては，名寄せは，複数のデータベースから異なる表記であるが同一の対象であるデータを1つにまとめる処理のことをいう。

3 **欠損値と外れ値の処理**　次のア〜オの文章のうち，データの欠損値と外れ値の処理の説明として適切なものをすべて選びなさい。

ア．欠損値や外れ値の処理では，それらの発生パターンにかかわらず，一律にそれらの値を分析から除外するのがよい。

イ．欠損値や外れ値の処理は分析の前処理として行うことが多い。

ウ．欠損値を補完する場合は，欠損していないデータの観測値の代表値（例えば平均値や中央値）を用いて補完することができる。

エ．外れ値を検出する場合は，データの観測値の最大値と最小値を元に外れ値を検出するための上限値と下限値を決定することができる。

オ．外れ値を検出する場合は，データの観測値の平均値と標準偏差から外れ値を検出するための上限値と下限値を決定することができる。

4 **外れ値の処理**　与えられたデータから外れ値を自動で検出するような処理を表計算ソフトウェアで行うことを考える。以下の問いに答えなさい。

	A	B	C	D
1	1		第1四分位点	3
2	2		第3四分位点	8
3	3		IQR	5
4	4		下限値	-4.5
5	100	X	上限値	15.5
6	6			
7	7			
8	8			
9	9			

(1) セル D1，セル D2 では，それぞれ A 列のデータの第 1 四分位点，第 3 四分位点の値を計算する。各セルに入力されている数式を書きなさい。なお，A 列のデータはセル A1 からセル A9 の範囲にあるとしてよい。

(2) セル D3 では，A 列のデータの四分位範囲（IQR）の値を計算する。セルに入力されている数式を書きなさい。

(3) セル D4，セル D5 では，それぞれ A 列のデータの外れ値の下限値と上限値を(1)と(2)で計算した第 1・第 3 四分位点，四分位範囲を元に計算する。各セルに入力されている数式を書きなさい。

(4) A 列の値が外れ値である場合にその A 列のセルに対応する B 列のセルに ʻXʼ が出力されるようにしたい。そのために，B 列では以下の数式をセル B1 に入力し，それを B 列の残りのセルにコピーすることを考える。空欄①〜②に入る数式を書きなさい。

　　　IF（OR（　①　，　②　），"X", ""）

ヒント

IF（A, B, C）は条件 A が真であれば B を，真でなければ C を返す関数である。また，OR（A, B）は条件 A または条件 B が真であれば真を返す関数である。

(1) D1:

　　 D2:

(2) D3:

(3) D4:

　　 D5:

(4) ①

　　 ②

（①と②は順不動）

04 データの分析と可視化 教科書 p.32〜p.35

POINT

1. 度数分布とヒストグラム

データの取り得る値を複数の（①　　　）に分け，各①に含まれる値を数えた（②　　　）を表にしたものを（③　　　　　）と呼ぶ。③により，データ全体の（④　　　）の状況を把握することができる。③を棒グラフで表したものを（⑤　　　　　　）と呼ぶ。

2. 記述統計量

データの分布の特徴を記述する以下のような統計量を記述統計量と呼ぶ。

（⑥　　　）…平均値や中央値など分布を代表するような値。

（⑦　　　　　　　）…分散や標準偏差など分布の形状を表すような指標。

データの値を昇順に並び替え，データを4等分した時のそれぞれの分割点について，最初の分割点から順に（⑧　　　　　），（⑨　　　　　　），（⑩　　　　）と呼ぶ。

データの値の最大値，最小値，⑧，⑨，⑩，を（⑪　　　　　）と呼び，（⑫　　　　　）として可視化することができる。

3. 散布図と相関

（⑬　　　　）…2種類以上の値からなるデータの各変数の関係を可視化したもの。

（⑭　　　）関係 …2つの変数の関係。⑭の程度を表す指標を⑭係数と呼ぶ。2つの変数が共通の原因となる変数の結果として観察される関係を見かけ上の⑭と呼ぶ。

---

(1) _____
(2) _____
(3) _____
(4) _____
(5) _____

1 度数分布 生徒の試験の得点を集計した次のデータを考える。

生徒	A	B	C	D	E	F	G	H	I	J	K	L	M
得点	3	5	6	2	8	4	5	6	10	6	7	3	8

階級を(1)1〜2，(2)3〜4，(3)5〜6，(4)7〜8，(5)9〜10とした時の各階級の度数を答えなさい。

(1) _____
(2) _____
(3) _____
(4) _____
(5) _____
(6) _____
(7) _____
(8) _____

2 記述統計量 表計算ソフトウェアについて，次の記述統計量を求める関数を次の解答群から選び，記号で答えなさい。

(1) 平均値　(2) 最頻値　(3) 分散　(4) 標準偏差
(5) 最大値　(6) 最小値　(7) 中央値　(8) 第1・第3四分位数

＜解答群＞………………………………………………………

ア．MEDIAN　イ．VAR.P　ウ．QUARTILE.INC　エ．MIN
オ．STDEV.P　カ．MODE　キ．MAX　ク．AVERAGE

(1) ① _____
　　 ② _____
　　 ③ _____
　　 ④ _____
　　 ⑤ _____

3 五数要約

(1) 生徒の試験の得点を集計した上記のデータについて，次の記述統計量を答えなさい。

① 最大値　② 最小値　③ 中央値　④ 第1四分位数　⑤ 第3四分位数

(2) 生徒の試験の得点を集計した上記のデータについて，四分位範囲を答えなさい。

(2) _____

!Tips 相関係数はピアソンの積率相関係数とも呼ばれる。ピアソン積率相関係数は変数の分布を仮定する方法である。このほか，2つの順位間の相関を求める方法としてスピアマンの順位相関係数やケンドールの順位相関係数などがある。

4 **散布図と相関** 次のア～カの文章で，相関の説明として適切なものをすべて選びなさい。

　ア．散布図を用いることでデータの変数どうしがどのような関係になっているかを視覚的に把握することができる。

　イ．散布図においてデータの2つの変数の間に直線関係に近い傾向が見られる時に相関関係があるという。

　ウ．正の相関では，一方の変数の増加が他方の変数の減少と対応しているような関係が2つの変数の間にある。

　エ．相関の程度を表す指標である相関係数は一般に0から1の範囲にある。

　オ．変数間に相関関係があれば一般にそれらの変数間に因果関係もあるといえる。

　カ．2つの変数が共通の原因となる変数を間に挟んだ結果として観察される見かけの上の相関は，データの誤った解釈につながることがある。

5 **散布図と相関** 2つの変数からなる次の①～③のデータについて以下の問いに答えなさい。

①

x	0	12	3	4	5	12	6	4	8	3	9	10	9	1	13
y	-1	12	0	3	8	12	5	4	7	5	7	11	11	0	14

②

x	8	14	14	8	13	4	4	12	13	10	5	0	5	7	13
y	14	9	1	4	9	2	6	1	11	1	6	8	2	11	14

③

x	3	6	3	15	0	8	1	13	8	2	11	13	8	11	9
y	15	9	10	5	13	7	13	1	5	13	3	2	9	6	5

(1) ①～③のデータに対応する散布図を記号で答えなさい。

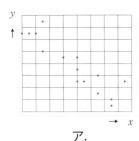

ア．　　　　イ．

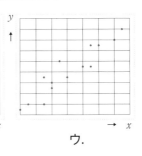

ウ．

(2) ①～③のデータに対応する相関係数を記号で答えなさい。

　ア．0.15　　　　イ．0.94　　　　ウ．−0.90

(1)

①

②

③

(2)

①

②

③

05 | 統計的推測 教科書 p.36 ～ p.39

POINT

1. 標本
（①　　　　　）…標本を選び出すもとの集団。

2. 点推定
（②　　　　　）は，（③　　　　　）によって推定できる。

標本の大きさを n とした時，(④　　　　) は，(⑤　　　　) の $n/(n-1)$ 倍で推定できる。これを（⑥　　　　）という。

表計算ソフトでは，⑤は（⑦　　　　）で，⑥は（⑧　　　　）で求まる。

3. 区間推定
母平均を μ，標本平均を $\bar{x}$，不偏分散を s^2 とした時，（⑨　　　　）は $t=(\bar{x}-\mu)/\sqrt{s^2/n}$ 。

$n=5$ の時，母平均の 95% の（⑩　　　　）は $\bar{x}-2.776s/\sqrt{5}$ 以上 $\bar{x}+2.776s/\sqrt{5}$ 以下。

4. 検定
$\mu=0$ という（⑪　　　　）は，$\mu=0$ が 95% の信頼区間に入らなければ，5% の（⑫　　　　）で棄却される。この条件は（⑬　　　　）が 0.05 より小さいことと等価である。

---

1 **標本**　体育の授業で，ある練習方法にしたがって走り幅跳びの練習をした。授業を始める前とこの練習方法による授業の後で記録を取った。以下は，5 人の生徒を選ぶことで得られた標本である。

番号	1	2	3	4	5
授業前	420	500	520	330	610
授業後	410	570	630	380	640
差	−10	70	110	50	30

以下では，授業前と授業後の記録の差にのみに着目する。この標本について，以下の値を求めなさい。

(1) 標本の大きさ
(2) 標本平均（差の平均であることに注意。以下同様。）
(3) 標本分散
(4) 不偏分散

2 **点推定**　上の標本から，この練習方法による授業前と授業後の記録の差の平均と分散（母分散と母平均）を推定しなさい。

(1) 母平均
(2) 母分散

ヒント

標本平均は，差の平均であることに注意する。その他の場合も同様である。

(1) _____
(2) _____
(3) _____
(4) _____

(1) _____
(2) _____

!Tips t 検定（t 値を用いる検定）は，分散が未知の母集団対して用いることができる。これに対して，Z 検定では母集団の分散が必要である。

3 **区間推定** 以下では，授業前と授業後の記録の差は，正規分布に従っていると仮定する。

(1) 母平均 $\mu = 0$ と仮定して，**1** の標本に対する t 値を求めなさい。t 値は標本平均から母平均（ここでは 0）を引いて，不偏分散の平方根（標準偏差）で割り，さらに標本の大きさの平方根を掛ければよい。

(1) _____

(2) 標本の大きさ $n = 5$ の場合，自由度は 4 であるので，t 値は 95% の確率で -2.776 以上 2.776 以下になる。(1) の値はこの間に含まれているか。

(2) _____

(3) 次に，**1** の標本から母平均の 95% の信頼区間を求める。標本平均を $\bar{x}$，不偏分散の平方根に 2.776 を掛けて $\sqrt{5}$ で割った結果を d とすると，母平均の 95% の信頼区間は，$\bar{x} - d$ 以上 $\bar{x} + d$ 以下になる。d の値を求めよ。

(3) _____

💡**ヒント**

$\bar{x}$ は，**1** (2)で求めた値を利用する。(6)も同様である。

(4) 母平均 $\mu = 0$ は，$\bar{x} - d$ 以上 $\bar{x} + d$ 以下の区間に含まれているか。

(4) _____

(5) 自由度 4 で，t 値は 95% の確率で 2.132 以下になる。(1) の値は 2.132 以下であるか。

(5) _____

(6) 標本平均を $\bar{x}$，不偏分散の平方根に 2.132 を掛けて $\sqrt{5}$ で割った結果を e とすると，母平均は 95% の確率で $\bar{x} - e$ 以上になる。e の値を求めよ。

(6) _____

(7) 母平均 $\mu = 0$ は $\bar{x} - e$ 以上か。

(7) _____

4 **検定** 母平均 $\mu = 0$ という帰無仮説が有意水準 5% で棄却できるか，棄却できないかを考える。

(1) **3** (1)の t 値に対する両側検定の p 値は 0.05 より小さいか。

(1) _____

(2) 母平均 $\mu = 0$ という帰無仮説は，両側検定では棄却できるか。

(2) _____

(3) **3** (1) の t 値に対する片側検定の p 値は 0.05 より小さいか。

(3) _____

(4) 母平均 $\mu = 0$ という帰無仮説は，片側検定では棄却できるか。

(4) _____

06 機械学習の概要 教科書 p.40～p.41

POINT

1. 教師あり学習と教師なし学習

（①　　　　　）…データに潜むパターンや構造をデータから自動的に学習する方法。

（②　　　　　）…入力のデータと，その出力に対応するラベルの対の集合。

（③　　　　　）…訓練データをもとに，入力のデータから出力となるラベルを予測するモデル（関数）を学習する方法。

（④　　　　　）…入力のデータに対するラベルが存在せず，入力のデータ集合のみをもとにそれらのパターンや構造をよく表すようなモデルを学習する方法。

2. 教師あり学習

（⑤　　　　）…入力データに対して実数値をとるラベルを出力とするような関数をモデルとして，モデルを学習する問題。

（⑥　　　　）…入力データに対して離散値をとるラベルを出力とするような関数をモデルとして，モデルを学習する問題。

3. 教師なし学習

（⑦　　　　）…互いに類似したデータをまとめたグループ。

（⑧　　　　）…入力のデータ集合について，各入力データに⑦のラベルを割り当てる問題。

1 教師あり学習と教師なし学習 次の(1)～(6)の空欄に当てはまる適切な語句を解答群から選び，記号で答えなさい。

(1)＿＿＿＿＿
(2)＿＿＿＿＿
(3)＿＿＿＿＿
(4)＿＿＿＿＿
(5)＿＿＿＿＿
(6)＿＿＿＿＿

　機械学習の入力となるデータは（1）と呼ばれる任意の数の変数で表される。入力のデータの出力に対応する（2）がある時，入力と（2）の対の集合を（3）と呼ぶ。（3）をもとに，入力のデータから出力となる（2）を予測する（4）を学習することを（5）と呼ぶ。入力のデータに対するラベルが存在せず，入力のデータ集合のみをもとにそれらのパターンや構造をよく表すような（4）を学習することを（6）と呼ぶ。

<解答群>
ア．ラベル　イ．モデル　ウ．教師あり学習　エ．特徴量
オ．訓練データ　カ．教師なし学習

2 教師あり学習と教師なし学習の応用 次の(1)～(3)はどのような機械学習の方法に対応するか。次の解答群から選び，記号で答えなさい。

(1)＿＿＿＿＿
(2)＿＿＿＿＿
(3)＿＿＿＿＿

(1)入力のデータを手書き数字画像，出力のラベルを0から9の数字として，手書き数字を認識するモデルを学習する。

(2)入力を新聞記事データの集合として，内容が類似した記事のグループを抽出するモデルを学習する。

(3)入力のデータを築年数などの不動産の情報，出力のラベルを不動産価格として，不動産情報から価格を予測するモデルを学習する。

<解答群>
ア．教師あり学習　イ．教師なし学習

!Tips 機械学習に関連する分野としてデータマイニングがある。データマイニングでは，データから新たなパターンや規則を発見すること（知識発見）に主眼が置かれている。両分野では多くの手法が共通して用いられている。

3 教師あり学習 次のア〜カの文章のうち，教師あり学習の説明として適切なものをすべて選びなさい。

ア．入力データに対して実数値を取るラベルを出力とする関数をモデルとして，訓練データをもとにモデルを学習する問題を回帰と呼ぶ。

イ．教師あり学習のモデルは一般に入力と出力の対応を表す関数であり，その真の関数は訓練データをもとに常に一意に決定することができる。

ウ．入力データに対して離散値をとるラベルを出力とする関数をモデルとして，訓練データをもとにモデルを学習する問題を分類と呼ぶ。

エ．分類ではラベルは入力データが割り当てられるクラスを表す。一般にクラスは常に2種類であり，分類は2クラス分類とも呼ばれる。

オ．モデルの学習では訓練データのみに適合すればよく，まだ観測してない未知のデータに対してのモデルの振る舞いは無視してよい。

カ．モデルが学習に用いた訓練データだけでなく未知のデータにも適合することを汎化と呼ぶ。

4 教師なし学習 次の(1)〜(4)の空欄に当てはまる適切な語句を解答群から選び，記号で答えなさい。

(1) _____
(2) _____
(3) _____
(4) _____

教師なし学習の1つである (1) は，入力となるデータ集合のみが与えられ，入力の各データに (2) と呼ばれるラベルを割り当てる問題である。教師なし学習にはこの他に，入力データの特徴量の次元をより低次元に変換する (3) や，入力データ集合の中から異常値をもつデータを発見する (4) がある。

＜解答群＞……………………………………………………………
ア．次元削減　イ．クラスタ　ウ．異常検知　エ．クラスタリング

5 回帰・分類・クラスタリング 地域別の家計食料消費を集計した次のデータを考える。

次の(1)〜(3)の文は，どのような教師あり，または教師なし学習の問題に対応するか。次の解答群から選び，記号で答えなさい。

穀類	魚介類	肉類	乳卵類	野菜	果物	菓子類	調理食品	飲料	外食
79312	75070	93129	47073	108101	39316	85640	127937	57657	159405
82676	84409	88924	43623	109625	40236	87897	98189	55654	149627
73381	91038	85124	41247	110936	39627	99745	115090	59434	104675
80606	78745	78211	52656	119016	43401	88573	119747	59845	129824
73349	89873	86429	50265	125021	44687	91333	123489	58714	135154
67703	84524	82274	43579	121980	44522	83968	109129	51428	119820
79164	76106	95707	48068	118732	48115	92218	123825	56930	152277
73338	75749	75756	48274	110874	48636	91214	130249	60886	132364

(1) 家計の食料消費の傾向が類似している地域のグループを抽出するモデルを学習する。

(2) 各地域の家計消費支出総額をラベルとして付与し，家計の食料消費から消費支出総額を予測するようなモデルを学習する。

(3) 各地域を東日本と西日本に分けてラベルを付与し，家計の食料消費から地域の東・西を予測するようなモデルを学習する。

(1) _____
(2) _____
(3) _____

＜解答群＞……………………………………………………………
ア．回帰　イ．分類　ウ．クラスタリング

07 | 回帰による分析 教科書 p.42 ～ p.45

POINT

1. 回帰モデルの学習

（① 　　　　　）…入力が 1 変数の 1 次関数をモデルとする回帰モデル。

（② 　　　　　）…入力と出力の関係を 1 次関数と仮定して近似し，①を直線として可視化したもの。

（③ 　　　　　）…回帰モデルの関数とデータの各点との（④ 　　　　　）の二乗和である（⑤ 　　　　　）を最小にするように回帰モデルのパラメータを求める方法。

（⑥ 　　　　　）…モデルの各パラメータを変数とする関数。③では⑤を⑥として回帰モデルのパラメータを求める。

（⑦ 　　　　　）…学習したモデルを用いて，未知の入力データに対する出力を求めること。

（⑧ 　　　　　）…データに対する回帰モデルの当てはまりのよさを評価する尺度。0 から 1 の値をとり，1 に近いほど当てはまりがよいことを示す。

2. 多項式回帰と重回帰

（⑨ 　　　　　）…入力の変数に関する多項式を変数とする関数をモデルとする回帰モデル。

（⑩ 　　　　　）…入力が複数の変数からなる関数を回帰モデル。入力の変数が複数ある場合は，変数間に相関がある場合に生じる（⑪ 　　　　　）に留意する。

---

1 **回帰モデルの学習** x を入力の変数，y を出力のラベルとする次のデータから単回帰モデルを学習することを考える。以下の問いに答えなさい。

x	1	2	3	4
y	2	1	3	3

(1) 次の(1)～(6)の空欄に当てはまる適切な語句を解答群から選び，記号で答えなさい。

1 変数の入力データ x に対して実数値をとるラベルを出力とするような （1） として，1 次関数 $f(x) = w_1 x + w_0$ を考える。この時，w_1，w_0 はモデルの （2） または回帰係数と呼ばれる。このように入力と出力の関係を 1 次関数と仮定して近似された直線を （3） と呼び，（1） を直線として可視化したものである。入力と出力の対の集合である （4） をもとに，関数と （4） の各点との （5） が最小となるような （2） を求める方法を （6） と呼ぶ。

＜解答群＞………………………………………………
ア．回帰直線　イ．訓練データ　ウ．単回帰モデル
エ．最小二乗法　オ．パラメータ　カ．二乗和誤差（残差二乗和）

(2) 上記のデータについて次の(1)～(3)を単回帰モデルの関数として考える。データと(1)～(3)の関数の二乗和誤差をそれぞれ求めなさい。

(1) $f(x) = x$　　　(2) $f(x) = 2x - 3$　　　(3) $f(x) = x - 1$

(1)
(1) _____
(2) _____
(3) _____
(4) _____
(5) _____
(6) _____

(2)
(1) _____
(2) _____
(3) _____

!Tips 回帰は元々，イギリスの学者フランシス・ゴルトンにより 1877 年に発表された種子の重量に関する分析結果から見出された現象である。ゴルトンはスイートピーの種子を比較し子世代と親世代の種子の直径に直線に近い関係があることを発見した。

(3) 上記のデータについて，データとの二乗和誤差が最小となるような単回帰モデルのパラメータを，表計算ソフトウェアを用いて求めることを考える。以下の問いに答えなさい。

	A	B	C	D	E	F	G	H
1	x	y	x-x^	y-y^	(x-x^)*(x-x^)	(x-x^)*(y-y^)	w1	w0
2	1	2						
3	2	1						
4	3	3						
5	4	3						

(1) C 列では，対応する A 列の値と A 列のすべての値の平均の差を計算する。そのために，セル C2 に数式を入力し，それを C 列の残りのセルにコピーする。セル C2 に入る数式を書きなさい。

(2) D 列では，対応する B 列の値と B 列のすべての値の平均の差を計算する。そのために，セル D2 に数式を入力し，それを D 列の残りのセルにコピーする。セル D2 に入る数式を書きなさい。

(3) E 列では，対応する C 列の値の二乗を計算する。そのために，セル E2 に数式を入力し，それを E 列の残りのセルにコピーする。セル E2 に入る数式を書きなさい。

(4) F 列では，対応する C 列と D 列の値の積を計算する。そのために，セル F2 に数式を入力し，それを F 列の残りのセルにコピーする。セル F2 に入る数式を書きなさい。

(5) セル G2，セル H2 では，それぞれ単回帰モデル $f(x) = w_1 x + w_0$ のパラメータ w_1，w_0 の値を計算する。それぞれのセルに入る数式を書きなさい。なお，x と y の平均をそれぞれ x^，y^ とした時，パラメータ w_1，w_0 はそれぞれ以下の数式で求めることができる。

$w_1 = \sum (y_i - y^)(x_i - x^) / \sum (x_i - x^)^2$, $w_0 = y^ - w_1 x^$

(6) 上記で求めた単回帰モデルのパラメータ w_1, w_0 の値を答えなさい。

2 **回帰モデルの評価** 次の(1)〜(4)の空欄に当てはまる適切な語句を解答群から選び，記号で答えなさい。

モデルは (1) だけでなく，未知のデータに対してもなるべく適合したものを選ぶ。そのため，(1) とは別に (2) に対してモデルの当てはまりを評価することで，モデルが未知のデータに対しても適合しているか検証する。データに対するモデルの当てはまりを評価する尺度に (3) がある。(3) は0から1の値とり，1に近いほど当てはまりがよいことを示す。また，(4) もデータに対するモデルの当てはまりを定量化したものとみることができる。

＜解答群＞……………………………………………………………………
ア．テストデータ　イ．訓練データ　ウ．決定係数　エ．二乗和誤差

(3)(1) C2:

(2) D2:

(3) E2:

(4) F2:

(5) G2:

H2:

(6) w_1:

w_0:

(1)
(2)
(3)
(4)

第2章

データサイエンス

08 分類による分析 教科書 p.46～p.51

POINT

1. ロジスティック回帰による分類

（① 　　　　　　　　　）…入力データが出力のラベルになる確率を関数でモデル化し，その確率に従って分類する手法。

（② 　　　　　　　　）…①のモデルで使われる関数。関数の入力に対する出力の値は 0 から 1 の範囲になり，入力を確率に変換する。

（③ 　　　　　　　　）…①のモデルのパラメータを（④ 　　　　　）による推定のためのアルゴリズム。パラメータに関する（⑤ 　　　　　　）の勾配をもとにパラメータの更新を繰り返して，⑤を最小化するようなパラメータを求める。

2. そのほかの分類手法

（⑥ 　　　　　　　）…クラスが未知のデータを分類する際，クラスが既知である近傍のデータのクラスの多数決によって未知データのクラスを決定する手法。

（⑦ 　　　　　　）…データを特徴量ごとの条件をもとに分割していくことで，分類を行うためのルールを学習する手法。

（⑧ 　　　　　　　　）…神経細胞間の情報伝達の仕組みをモデル化したもの。入力の線形変換と非線形変換を組み合わせることで入力と出力の間の複雑な関係を学習する。

---

1 シグモイド関数 表計算ソフトウェアを用いて，変数 x を入力とするシグモイド関数の値を計算し，関数を可視化することを考える。

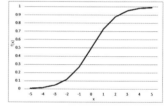

	A	B	C	D	E	F	G	H	I	J	K	L
1	w1	1										
2	w0	0										
3	x	-5	-4	-3	-2	-1	0	1	2	3	4	5
4	f(x)											

B4: _____

_____

_____

セル B4 から L4 の行では，対応するセル B3 から L3 の行にある x の値を入力とするシグモイド関数の値を計算する。そのために，セル B4 に数式を入力し，それをセル C4 から L4 までのセルにコピーする。セル B4 に入る数式を書きなさい。なお，ネイピア数 e を底とする指数関数を EXP () と表す時，シグモイド関数は $1/(1+\text{EXP}(-(w_1*x+w_0)))$ と表すことができる。w_1, w_0 はそれぞれ変数 x と定数項の係数である。w_1 の値はセル B1 に，w_0 の値はセル B2 にそれぞれ入力とするものとする。

（数式を入力したら，セル B3 から L4 までを選択してグラフの挿入から折れ線グラフを選択しグラフを可視化することができる。）

2 ロジスティック回帰による分類 次の(1)～(3)の空欄に当てはまる適切な語句を答えなさい。

（1）は，入力を任意のクラスに割り当てる問題である。ロジスティック回帰は(1)の代表的な手法であり，入力があるクラスとなる(2)を関数でモデル化する。(2)をモデル化する関数として(3)がある。入力を2つのクラスに(1)する場合，(3)の出力である(2)のしきい値を定めることで入力をどちらかのクラスに(1)できる。

(1) _____

(2) _____

(3) _____

！Tips シグモイド関数はその導関数をシグモイド関数自身で表すことができる。この性質はニューラルネットワークの重みの学習に重要であり，シグモイド関数はニューラルネットワークの活性化関数として用いられる。

3 **ロジスティック回帰モデルの学習**　次の(1)～(5)の空欄に当てはまる適切な語句を解答群から選び，記号で答えなさい。

　モデルのパラメータに関する訓練データの尤度の対数をとったものを (1) と呼ぶ。ロジスティック回帰では (1) の負をとったものを (2) とする。この (2) は交差エントロピー損失と呼ばれる。ロジスティック回帰のパラメータ推定では，(2) を最小にするようなパラメータを (3) により推定する。(3) を行うアルゴリズムとして (4) がある。(4) では，(2) の (5) を用いてパラメータの更新を繰り返すことにより，(2) を最小にするようなパラメータを求める。

<解答群>……………………………………………………………
ア．最急降下法　　　イ．勾配　　　ウ．損失関数
エ．最尤法　　　　　オ．対数尤度　　カ．群平均法

(1)	
(2)	
(3)	
(4)	
(5)	

4 **分類手法**　次の(1)～(5)の説明に対して適切な分類手法を次の解答群から選び，記号で答えなさい。

(1) 神経細胞間の情報伝達の仕組みをモデル化したもの。入力の線形変換と非線形変換を組み合わせることで入力と出力の間の複雑な関係を学習する。

(2) クラスが未知のデータを分類する際，クラスが既知である近傍のデータのクラスの多数決によって未知データのクラスを決定する手法。

(3) 入力データが出力のラベルになる確率を関数でモデル化し，その確率に従って分類する手法。

(4) ニューラルネットワークの中間層を深く多層に積み重ねたもの。画像処理や言語処理など現在さまざまな応用に活用されている。

(5) データを特徴量ごとの条件をもとに分割していくことで，分類を行うためのルールを学習する手法。

<解答群>……………………………………………………………
ア．決定木　　イ．ロジスティック回帰　　ウ．ニューラルネットワーク
エ．深層学習　　オ．k近傍法

(1)	
(2)	
(3)	
(4)	
(5)	

5 **ロジスティック回帰とニューラルネットワーク**

次の図は1変数入力のロジスティック回帰モデルをニューラルネットワークとして表したものである。①～⑤に対応する適切な語句を解答群から選び，記号で答えなさい。

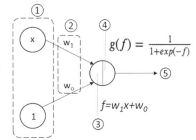

<解答群>……………………………………………………………
ア．非線形変換　イ．入力　ウ．出力　エ．パラメータ　オ．線形和

①	
②	
③	
④	
⑤	

①ロジスティック回帰　②シグモイド関数　③最急降下法　④最尤法　⑤損失関数　⑥k近傍法　⑦決定木　⑧ニューラルネットワーク　　**33**

09 クラスタリングによる分析 教科書 p.52～p.55

POINT

1. 階層化クラスタリング

（① 　　　　　　　）…データ集合の各データが1つのクラスタである状態から始める。最も距離が短いクラスタを併合していくことを繰り返し、最終的にすべてのデータが1つのクラスタとなったら終了する。クラスタの併合距離を指定することで任意の数のクラスタを抽出できる。

（② 　　　　　　　）…①によるクラスタの併合過程を木構造として可視化したもの。

2. K-means法

（③ 　　　　　　　）…あらかじめ与えられた数のクラスタにデータの集合を分割する。まず、クラスタの数だけ初期の中心点をランダムに定める。(1)…各データを最近傍の中心点に対応したクラスタに割り当てる。(2)…クラスタに割り当てられたデータをもとに、クラスタの中心点を更新する。(1)と(2)を各データのクラスタへの割り当てが変化しなくなるまで繰り返す。

1　階層化クラスタリングの併合方法　クラスタの併合に関する次の(1)～(3)の説明に対して適切な語句を解答群から選び、記号で答えなさい。

(1) _____

(2) _____

(3) _____

(1) クラスタどうしの最も遠いデータ間の距離をもとにクラスタ間の距離を決定する。

(2) クラスタどうしのすべてのデータのペアの距離の平均をもとにクラスタ間の距離を決定する。

(3) クラスタどうしの最も近いデータ間の距離をもとにクラスタ間の距離を決定する。

＜解答群＞……………………………………………………………………

ア．最短距離法　　　　イ．最長距離法　　　　ウ．群平均法

2　階層化クラスタリング　次のア～カの文章のうち、階層化クラスタリングの説明として適切なものをすべて選びなさい。

＜解答群＞……………………………………………………………………

ア．クラスタリングの前にあらかじめクラスタの数を決めておく必要がある。

イ．最も距離が近いクラスタを併合し、クラスタ間の距離を更新することを繰り返す。

ウ．最短距離法によるクラスタの併合は、外れ値の影響を受けにくい。

エ．最長距離法によるクラスタの併合は、クラスタの大きさが比較的そろいやすい傾向がある。

オ．クラスタの併合過程は、デンドログラムと呼ばれる木構造として可視化することができる。

カ．併合時のクラスタ間の距離をしきい値として定めることで、そのしきい値以下の距離で併合した任意の数のクラスタを抽出できる。

!Tips デンドログラムは樹形図を表す一般的な用語でもある。生物学の分野では、遺伝子配列の解析結果をヒートマップやデンドログラムによって可視化することで、遺伝子ごとの発現パターンを概観するのに用いられている。

3 **デンドログラム** A〜Eの5つのデータの間の距離が次のように与えられた時，データ集合を最短距離法によるクラスタの併合によって階層化クラスタリングをすることを考える。以下の問いに答えなさい。

	A	B	C	D	E
A		1	3.5	5.5	8.5
B			2.5	4.5	7.5
C				2	5
D					3
E					

(1) クラスタリングした結果を表したデンドログラムを記号で答えなさい。

(1) _____

＜解答群＞……………………………………………………………………………

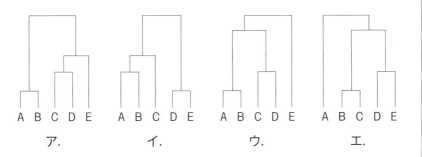

ア.　　　　　　イ.　　　　　　ウ.　　　　　　エ.

(2) クラスタリングした結果から2つのクラスタを抽出した時，適切なデータの組み合わせを記号で答えなさい。

(2) _____

＜解答群＞……………………………………………………………………………

ア.　{A, B, C, D} と {E}
イ.　{A, B} と {C, D, E}
ウ.　{A} と {B, C, D}
エ.　{A, B, C} と {D, E}

4 **K-means法**　次のア〜カの文章のうち，K-means法の説明として適切なものをすべて選びなさい。

＜解答群＞……………………………………………………………………………

ア.　一般に1〜2変数で表されるデータにのみ適用することができる。
イ.　クラスタリングの前にあらかじめクラスタの数を決めておく必要がある。
ウ.　初期の中心点によらず一意にクラスタリング結果が決定される。
エ.　初期の中心点は互いになるべく距離が近いものを選択するとクラスタリングがより早く終了するのでよい。
オ.　初期の中心点は互いになるべく距離が離れたものを選択するとクラスタの偏りを防ぐことができる。
カ.　クラスタの中心点に対する各データの割り当てが変化しなくなればクラスタリングを終了する。

10 ｜ 評価と意思決定 教科書 p.56 ～ p.59

1. モデルの評価

機械学習のモデルの評価においては，データ集合を，モデルの学習に用いる（①　　　　）と学習したモデルの評価に用いる（②　　　　）と（③　　　　）に分割する。データ集合が小さい場合は，（④　　　　）により評価を行う。教師あり学習の分類では，モデルの分類結果を（⑤　　　　）として表すことができる。⑤をもとにして（⑥　　），（⑦　　），（⑧　　），（⑨　　）などの分類の評価指標を計算できる。⑧は，トレードオフの関係にある⑥と⑦の調和平均となっている。

2. 過学習と適合不足

（⑩　　　　）…モデルの学習において訓練データに過度に適合しすぎるとモデルの汎化性能が小さくなる。その結果，未知のデータに対してモデルが適合しなくなる。⑩の逆に，モデルが訓練データにも適合しなくなることを（⑪　　　　）と呼ぶ。

3. 意思決定と価値創造

（⑫　　　　　　）…データ分析により知見を抽出し，知見をもとにした（⑬　　　　）を行いながらデータから価値を引き出すプロセス。⑬の根拠となるデータは（⑭　　　　）と呼ばれる。

---

1 モデルの評価　次の(1)～(4)の説明に対して適切な語句を解答群から選び，記号で答えなさい。

(1) 機械学習のモデルの学習に用いるデータ。

(2) 分割したデータ集合の一部のデータからモデルの学習と評価を繰り返し，モデルの評価を行う方法。

(3) 機械学習のモデルの評価に用いるデータ。モデルの複雑性に関わるパラメータ（ハイパーパラメータ）の決定に用いる。

(4) 機械学習のモデルの評価に用いるデータ。モデルの複雑性を決定後の最終的な評価に用いる。

(1)＿＿＿＿
(2)＿＿＿＿
(3)＿＿＿＿
(4)＿＿＿＿

＜解答群＞………………………………
ア．交差検証　イ．訓練データ　ウ．テストデータ　エ．検証データ

2 評価指標　2クラス分類の評価指標は分類結果を表す混同行列の真陽性（TP），偽陽性（FP），偽陰性（FN），真陰性（TN）から計算される。次の(1)～(4)の評価指標の計算式に対して適切な語句を解答群から選び，記号で答えなさい。

(1) $TP/(TP+FP)$　　(2) $(TP+TN)/(TP+FP+FN+TN)$

(3) $TP/(TP+FN)$

(4) $2TP \cdot TP/\{(TP+FP)\,TP+(TP+FN)\,TP\}$

(1)＿＿＿＿
(2)＿＿＿＿
(3)＿＿＿＿
(4)＿＿＿＿

＜解答群＞………………………………
ア．再現率　イ．精度　ウ．F値　エ．正解率

3 過学習と適合不足　次のア～カの文のうち，過学習と適合不足の説明として適切なものをすべて選びなさい。

ア．過学習は，モデルの学習に用いる訓練データが十分でないことやモデルが複雑化することなどによって生じる。

イ．一般にモデルの複雑性を増やすとモデルの訓練データに対する誤差は増加する。

ウ．一般にモデルの複雑性を増やすとモデルの未知データに対する誤差は増加する。

エ．多項式回帰においてモデルの次数が小さいほどモデルが複雑になり過学習が起こりやすくなる。

オ．モデルの学習では，過学習や適合不足にならないように適切なモデルを訓練データのみから選択する必要がある。

カ．モデルが過学習した際の対処として，モデルのパラメータに制約を課す方法がある。

キ．モデルが適合不足の際の対処として，モデルの複雑性を減らす方法がある。

4 価値創造サイクル　データを起点とした価値創造サイクルについて，次のア～オから適切なものを選びなさい。

ア．データ → 意思決定 → データ化 → データの分析 → 知識の抽出

イ．データ → データの分析 → データ化 → 知識の抽出 → 意思決定

ウ．データ → 知識の抽出 → データの分析 → 意思決定 → データ化

エ．データ → データの分析 → 知識の抽出 → 意思決定 → データ化

オ．データ → 知識の抽出 → データ化 → データの分析 → 意思決定

5 意思決定　次の(1)～(5)の空欄に当てはまる適切な語句を解答群から選び，記号で答えなさい。

　データ分析による(1)では，データ分析によりさまざまな知見を抽出，蓄積し，それらの知見を生かした(2)を行うことで，人々の行動変容へとつなげる。この過程において，(3)の重要な役割として知見を実行の主体へわかりやすく提示することや各分野の専門家と適切に(4)するなどがある。データ分析によって得られた知見を(2)の根拠とする際，その根拠のもととなるデータを(5)と呼ぶ。(5)に基づく(2)は幅広く導入されている一方で，(2)における(6)には十分留意する必要がある。

(1)
(2)
(3)
(4)
(5)
(6)

　＜解答群＞……………………………………………………………………

ア．意思決定　　イ．データサイエンティスト　　ウ．不確実性
エ．価値創造　　オ．エビデンス　　カ．コミュニケーション

p.26, p.59

1 **データサイエンス** 次のア～エの文のうち，データサイエンスと意思決定の説明として適切なものをすべて選びなさい。

ア．データサイエンティストの役割の1つに専門家と適切にコミュニケーションをはかりながらデータを分析し有益な情報を引き出すことがある。

イ．データサイエンティストは数学や計算科学，統計学などの知識を身につけていればよく，倫理的な問題については自ら積極的に対応する必要はない。

ウ．データ分析による価値創造では，当事者間の話し合いを主として，補助的にデータ分析を行うことで主観的な人知を生かした意思決定を行う。

エ．エビデンスに基づく意思決定では，データ分析によって得られた知見を意思決定の根拠とする。その際，不確実性には十分留意する必要がある。

p.27

2 **データ分析** データの分析に基づく問題解決のプロセスについて，次のア～エから適切なものを選びなさい。

ア．問題の発見 → 課題と仮説の設定 → データ収集 → データの分析と可視化 → データの整理と変換 → 分析結果の検証・評価

イ．問題の発見 → データの分析と可視化 → 課題と仮説の設定 → データ収集 → データの整理と変換 → 分析結果の検証・評価

ウ．問題の発見 → 課題と仮説の設定 → データ収集 → データの整理と変換 → データの分析と可視化 → 分析結果の検証・評価

エ．問題の発見 → データ収集 → データの整理と変換 → 課題と仮説の設定 → データの分析と可視化 → 分析結果の検証・評価

p.40, p.41

(1)

(2)

(3)

(4)

3 **機械学習** 次の(1)～(4)で説明されている事柄を実現するには，それぞれどのような機械学習の方法を応用すればよいか。次の解答群から選び，記号で答えなさい。

(1) 画像に写っているものがタグ付けされたデータがある。これらのデータから画像に写っているものを自動で認識できるようにしたい。

(2) クレジットカードの利用状況のデータがある。これらのデータからクレジットカードの不正利用を自動で検知できるようにしたい。

(3) ソーシャルメディアの投稿データがある。これらのデータを投稿内容のトピックごとにまとめて自動で整理したい。

(4) 過去の天候，祝祭日・曜日と商業施設の来場者数のデータがある。このデータから将来の来場者数を予測できるようにしたい。

＜解答群＞……………………………………………………………………

ア．回帰　　イ．分類　　ウ．クラスタリング　　エ．異常検知

4 **回帰** 訓練データで多項式回帰モデルを学習し，学習したモデルを検証データで評価することを考える。

次の図は，多項式回帰モデルの次数を 1 次から 10 次まで変えた時の訓練データ，検証データそれぞれの誤差を表している。なお，多項式回帰モデルの次数はモデルの複雑性に関わるハイパーパラメータとなっている。次の(1)〜(6)の空欄に当てはまる適切な語句を解答群から選び，記号で答えなさい。また，(7)の空欄に当てはまる適切な数字を答えなさい。

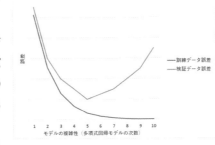

p.43, p.56, p.58

多項式回帰モデルの次数が (1) ほど，訓練データ誤差は (2) し，検証データ誤差は (3) する (4) が起こっている。一方，多項式回帰モデルの次数が (5) ほど，訓練データ誤差も検証データ誤差も (3) する (6) が起こっている。モデルの学習では，(4) や (6) にならないように適切なモデルを選択する必要がある。この場合，適切なモデルの複雑性として，検証データ誤差が最小となるような多項式回帰モデルを採用するのがよい。そのような多項式回帰モデルの次数は (7) である。

(1) ＿＿＿＿＿＿＿＿
(2) ＿＿＿＿＿＿＿＿
(3) ＿＿＿＿＿＿＿＿
(4) ＿＿＿＿＿＿＿＿
(5) ＿＿＿＿＿＿＿＿
(6) ＿＿＿＿＿＿＿＿
(7) ＿＿＿＿＿＿＿＿

＜解答群＞……………………………………………………………………

ア．小さい　　　　イ．増加　　　　ウ．適合不足
エ．減少　　　　　オ．大きい　　　カ．過学習

5 **分類** 次の図は，ロジスティック回帰モデルのパラメータと損失関数の関係を模擬的に表したものである。次の(1)〜(4)の空欄に当てはまる適切な語句を解答群から選び，記号で答えなさい。また，(5)の空欄に当てはまる適切な値を答えなさい。

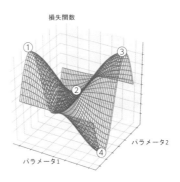

p.46, p.57

(1) ＿＿＿＿＿＿＿＿
(2) ＿＿＿＿＿＿＿＿
(3) ＿＿＿＿＿＿＿＿
(4) ＿＿＿＿＿＿＿＿
(5) ＿＿＿＿＿＿＿＿

ロジスティック回帰モデルの学習では，損失関数（負の尤度関数）を (1) にするようなパラメータを推定する。ロジスティック回帰モデルの損失関数は (2) と呼ばれる。(3) によるパラメータの推定では，損失関数の (4) を用いてパラメータの更新を繰り返すことにより，損失を (1) にするようなパラメータを求める。そのようなパラメータは図中では①〜④のうち (5) である。

＜解答群＞……………………………………………………………………
ア．勾配　　　イ．最小　　ウ．最急降下法　　エ．交差エントロピー誤差

01 JavaScriptの基礎（1） 教科書 p.62〜p.67

POINT

1. プログラムの作成方法
JavaScriptによるプログラムは，HTMLファイル内の<script>と</script>の間に記述する。

2. プログラム作成上の基本ルール
・文の終わりには（①　　　　　）を付ける。
・文の途中で改行してもよいが，単語の途中で改行するとエラーになる。

3. 変数
（②　　　　）…数値や文字列などの値に付けられた名札のようなもの。

4. 演算子
各種の演算を表す記号で，代入演算子，算術・結合演算子，比較演算子などがある。

5. 配列
（③　　　　）…複数の値を1つの名前によって管理する仕組み。

6. 制御構造
（④　　　　　）…上から下へ記述された順に処理を実行する。
（⑤　　　　　）…条件が真の時と偽の時とで処理を変えて実行する。
（⑥　　　　　）…条件が真の間，ループの始端と終端の間にある処理を繰り返し実行する。

7. 関数
（⑦　　　　）…定められた一連の処理を定義し，それを呼び出すと一連の処理が実行される仕組み。

---

1 **配列** 次の(1)〜(3)のプログラムを実行したときに表示される値を答えなさい。

(1) ＿＿＿＿＿＿＿＿＿＿
(2) ＿＿＿＿＿＿＿＿＿＿
(3) ＿＿＿＿＿＿＿＿＿＿

(1)
```
var a = [ ];
a[0] = 13;
a[1] = 42;
alert(a[1]);
```

(2)
```
var a = [ ];
a.push(24);
a.push(67);
alert(a[0]);
```

(3)
```
var a = [72,34,59];
alert(a[2]);
```

2 **制御構造** 順次構造，選択構造，反復構造について，フローチャートとして最も適切なものを選択肢から選んで答えなさい。

順次構造 ＿＿＿＿＿＿＿＿＿
選択構造 ＿＿＿＿＿＿＿＿＿
反復構造 ＿＿＿＿＿＿＿＿＿

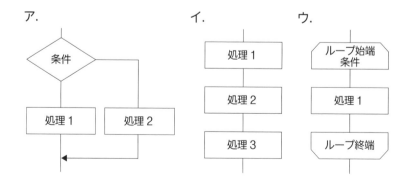

ア.　　　　　　　　　イ.　　　　　　　　　ウ.

（ア. 条件 → 処理1 / 処理2）
（イ. 処理1 → 処理2 → 処理3）
（ウ. ループ始端 条件 → 処理1 → ループ終端）

!Tips 1995年にリリースされたNetscape Navigator2がJavaScriptを利用できる最初のブラウザである。はじめはLiveScriptという名称であったが，JavaScriptに改称された。Javaというプログラミング言語とは別のものである。

3 制御構造 プログラムとその動作の説明文が書かれている。説明文中の (1)～(5)に当てはまる言葉を書きなさい。

```
var a = Number(prompt(' 数値の入力 ',''));
if (a <= 60){
    alert(' ふつう ');
}else if (a < 80) {
    alert(' よい ');
}else{
    alert(' とてもよい ');
}
```

<説明文> プログラムを実行すると,画面に「(1   )」と表示され, キーボードから値の（2   ）を求められる。値を（2）すると, 数値に変換され変数 a に（3   ）される。a の値が 60（4   ） の場合に「ふつう」と表示され, 60 より大きく 80（5   ）の場合 に「よい」と表示され,それ以外の場合に「とてもよい」と表示される。

(1)	
(2)	
(3)	
(4)	
(5)	

4 関数 プログラムとその動作の説明文が書かれている。説明文中の(1) ～(7)に当てはまる言葉を書きなさい。

```
function triple(x){
    var y = x * 3;
    return y;
}
var a = 2;
b = triple(a);
alert(b);
```

<説明文> プログラムを実行すると, はじめに変数（1   ）に 2 が代入される。次に, 関数（2   ）が呼び出される。この時, 関数 を呼び出す側の引数である変数（3   ）が実引数であり, 呼び出さ れる側の引数である変数（4   ）が仮引数である。関数側では, 変 数（4）を 3 倍した値を変数（5   ）に代入し, 関数の（6   ） として呼び出し側に戻す。この値が変数（7   ）に代入され, 表示 される。

(1)	
(2)	
(3)	
(4)	
(5)	
(6)	
(7)	

5 HTML の操作 プログラムとその動作の説明文が書かれている。説明 文中の(1)～(2)に当てはまる言葉を書きなさい。

```
var a = document.getElementById('text');
a.innerHTML = 'output';
```

<説明文> HTML 中のタグの id 属性が（1   ）である要素を変 数 a にオブジェクトとして代入し, その要素で表示する文字列を （2   ）に変更する。

(1)	
(2)	

第3章 プログラミング言語

01 | JavaScript の基礎（2） 教科書 p.62 〜 p.67

1 **制御構造** キーボードから5回値を入力し，入力した値の合計を求めるプログラムになるように，次の(1)〜(5)に当てはまるものを答えなさい。

(1) _____
(2) _____
(3) _____
(4) _____
(5) _____

```
var s = ___(1)___ ;
for (var i = 0; i < ___(2)___ ; ___(3)___ ){
    var a = Number(prompt(' 値を入力してください ',''));
    s = ___(4)___ ;
}
alert( ___(5)___ );
```

2 **制御構造** 配列 a に与えられた値が奇数の場合には「○○は奇数」と表示し，偶数の場合には何もしないプログラムになるように，次の(1)〜(4)に当てはまるものを答えなさい。ただし，○○の部分には要素の値が入り，要素の個数は任意の数であるとする。

(1) _____
(2) _____
(3) _____
(4) _____

```
var a = [13, 24, 35, 47];
for (var i = 0; i < ___(1)___ ; ___(2)___ ){
    if ( ___(3)___ == 1){
        alert( ___(4)___ + ' は奇数 ');
    }
}
```

3 **制御構造** 配列 a の前の2つの要素の和を末尾に追加して，その値を表示することを配列の要素が10個になるまで繰り返すプログラムとなるように，次の(1)〜(3)に当てはまるものを答えなさい。

```
1 , 1 , 2 , 3 , 5 , ...
```

(1) _____
(2) _____
(3) _____

```
var a = [1, 1];
var i = 2;
while (i < ___(1)___ ){
    a[i] = _____(2)_____ ;
    alert( ___(3)___ );
    i++;
}
```

⚠Tips JavaScript はクライアント側のブラウザ上で実行されている。それだけでなく，Node.js という実行環境により，サーバ側でもクライアント側でも JavaScript のプログラムを実行できるようになった。

4 関数の利用 2次方程式 $y=ax^2+bx+c$ の解の種類を判別するため，判別式 $D=b^2-4ac$ を求める関数 discriminant を定義し，解の種類を判別するプログラムとなるように，次の(1)〜(6)に当てはまるものを答えなさい。

```
function discriminant(a, b, c){
    D = _____(1)_____ ;
    return ___(2)___ ;
}
var D1 = _____(3)_____ (1, 4, 5);
if (D1 ___(4)___ ){
    alert(' 異なる 2 つの実数解 ');
} ___(5)___ (D1 == 0){
    alert(' 重解 ');
} ___(6)___ {
    alert(' 異なる 2 つの虚数解 ');
}
```

(1) _____
(2) _____
(3) _____
(4) _____
(5) _____
(6) _____

5 HTML の操作 ブラウザ上に表示された「あいさつ」と書かれたボタンをクリックした時に，時刻の時：分：秒のうち 24 時間表示の「時」の入力が求められる。この時，下表のようなあいさつを <p> タグの部分に表示するプログラムとなるように，次の(1)〜(7)に当てはまるものを答えなさい。

```
<body>
  <p id = "display"> ここに表示されます </p>
  <input type =" _(1)_ " value = " あいさつ " onclick=" _(2)_ ">
  <script>
    function greeting(){
        var a = ___(3)___ (prompt(' 時を入力してください ', ''));
        var b = document.getElementById(' ____(4)____ ');
        if ( ___(5)___ ) {
            b. ___(6)___ = ' おはよう ';
        }else if( ___(7)___ ){
            b. ___(6)___ = ' こんにちは ';
        }else{
            b. ___(6)___ = ' こんばんは ';
        }
    }
  </script>
</body>
```

(1) _____
(2) _____
(3) _____
(4) _____
(5) _____
(6) _____
(7) _____

入力した値	表示するあいさつ
11 未満	おはよう
11 以上 18 未満	こんにちは
18 以上	こんばんは

02 | Python の基礎（1）教科書 p.68～p.83

POINT

1. Python の特徴

Python の処理系を核として，ライブラリ，フレームワーク，アプリケーションなどから成る（① 　　　）が構築されている。

2. Python の使い方

JupyterLab は，ブラウザ上でプログラムを実行する処理系である。Web ページは，プログラムの書かれた（② 　　）セルと説明文の書かれた（③ 　　）セルから成る。
ライブラリは（④ 　　　）と呼ばれ，import で始まる構文によって利用できる。

3. 式

/…割り算。 //…商 %…余り。 ＊＊…べき。
変数（⑤ 　）式…変数の定義。
式1（⑥ 　）式2…式1と式2が等しい。

4. 関数

関数への入力を（⑦ 　　）引数という。
関数への入力は（⑧ 　　）引数というローカル変数で受け取る。
（⑨ 　　）式…関数の戻り値を指定して関数の実行を終了する。
関数定義や条件分岐など，プログラムの構造の始まりは，def（関数定義）や if（条件分岐）などの予約語で示される。
予約語で始まる行の最後は（⑩ 　）で終わることが多い。else も同様である。
プログラムの階層構造は，（⑪ 　　　）で示す。字下げともいう。
条件式1（⑫ 　）条件式2…かつ。
条件式1（⑬ 　）条件式2…または。

---

1 **Python のモジュール**　対数関数を用いて，$\log_2 3 = \log(3)/\log(2)$ を計算したい。空欄をうめなさい。

(1) _____

(2) _____

```
from ____(1)____ import ____(2)____
log(3)/log(2)
```

2 **Python の式**　以下の値を計算する式を答えなさい。

(1) _____

(1) 上底が a，下底が b，高さが h である台形の面積

(2) _____

(2) 半径が r の円の面積（円周率は math.PI で参照できるとする）

(3) _____

_____

(3) $ax^2 = b$ （$a>0$, $b>0$）という x に対する方程式の2つの解（a と b というローカル変数が，それぞれ a と b を値としてもつとする）

(4) _____

(4) $ax^3 = b$ （$a \neq 0$）という x に対する方程式の解（同上）

(5) _____

(5) 正の整数 a を2進法で表した時の右から n 番目（最も右は0番目と数える）のビット（0 または 1）

!Tips 関数の中で定義される変数はローカル変数，関数の外で定義される変数はグローバル変数である。関数名は関数を値とするグローバル変数である。

3 Python の関数　以下の計算を行う関数を定義しなさい。

(1) 上底が a，下底が b，高さが h である台形の面積を返す関数 trapezoid(a,b,h)。

(2) 三角形の 3 辺の長さ x, y, z が仮引数 x, y, z に与えられた時，三角形の面積をヘロンの公式 $\sqrt{s(s-x)(s-y)(s-z)}$ を用いて計算して返す関数 heron(x, y, z)。なお，s は $(x+y+z)/2$ で求められる。

(1) _____

(2) _____

4 条件分岐　3 つの互いに異なる数 x,y,z が与えられた時，2 番目に大きい数（中間の大きさの数）を返す middle(x,y,z) を以下のように定義した。空欄をうめなさい。

```python
def middle(x,y,z):
    if x<y:
        if y<z:
            return  (1)
        elif x<z:
            return  (2)
        else:
            return  (3)
    elif x<z:
        return  (4)
    elif y<z:
        return  (5)
    else:
        return  (6)
```

(1) _____
(2) _____
(3) _____
(4) _____
(5) _____
(6) _____

5 真理値　三角形の 3 辺の長さ x, y, z が仮引数 x,y,z に与えられた時，三角形が直角三角形ならば True を返し，そうでなければ False を返す関数 right(x,y,z) を以下のように定義した。空欄をうめなさい。

```python
def right(x,y,z):
    if x>=y and x>=z:
        return x ** 2 == y ** 2 + z ** 2
    if       (1)      :
        return          (2)
    return z ** 2 == x ** 2 + y ** 2
```

(1) _____

(2) _____

02 | Python の基礎（2） 教科書 p.84〜p.91

POINT

1. リストとタプルと繰り返し

Python では，配列として用いられるデータとして，リストとタプルがある。どちらも，0 から始まる（① 　　　　　　）を [と] で囲んで指定して要素を取り出す。リストでは代入文で要素を更新できる。

リストを作成するには要素を , で区切って並べ [と] で囲む。タプルは（ と ）で囲む。

（② 　　　）…リストまたはタプルの長さ。

（③ 　　　）…リストに要素を追加する。

for 文によりリストとタプルの要素に対して繰り返し処理を行える。

（④ 　　　　）を用いた for 文により指定した範囲の数に対する繰り返し処理を行える。

2. さまざまなデータ

文字列は文字の並びを引用記号で囲む。

文字列 1（⑤ 　　）文字列 2…文字列の連結。

辞書は，文字列などの（⑥ 　　　）に対して（⑦ 　　　　　）を対応させるデータ構造である。バリューはどんな種類のデータでもよい。

辞書に対して，キーを [と] で囲んで指定してそのバリューを取り出す。代入文でバリューを更新できる。

辞書を作成するには，キーと（⑧ 　　）とバリューを , で区切って並べ { と } で囲む。

辞書に対する for 文により，辞書のキーに対して繰り返し処理を行うことができる。

---

1 リストに対する処理 以下は，数のリスト a に対して，移動平均のリストを返す関数 moving_average（a,n）の定義である。

```python
def moving_average(a,n):
    ma = []
    s = 0
    for i in range(n-1):
        s = s + a[i]
    for i in range(n-1,len(a)):
        s = s + a[i]
        ma.append(s/n)
        s = s - a[i-n+1]
    return ma
```

(1)

(2)

(3)

(4)

(1) moving_average([1,2,3,4,5],3) が返すリストは何か。

(2) moving_average([1,3,2,6,2,4,3,7,3,5],4) が返すリストは何か。

(3) moving_average([1,2],3) が返すリストは何か。

(4) moving_average([1],3) を実行すると何が起こるか。

!Tips リストの要素は参照も更新もできるが，タプルの要素は参照できるが更新はできない。タプルは変更不可能オブジェクト。

2 ヒストグラム 以下の空欄をうめよ。0以上10未満の整数を要素とするリストaが与えられた時，以下の関数 histogram（a）はヒストグラムのリストを返す。ヒストグラムのリストのi番目の要素（インデックスをiとする要素）は，aに要素iが現れる回数である。

```
def histogram(a):
    h = []
    for i in range(10):
        h.append(    (1)    )
    for i in a:
        h[i] =    (2)
    return h
```

(1) _____

(2) _____

histogram（[3,1,4,1,5,9,2,6,5,3,5,8,9,7,9,3,2,3,8,4]）を実行すると，_____(3)_____となる。

(3) _____
_____

3 辞書によるヒストグラム リストaが与えられた時，以下の関数 histogram（a）は，aの要素をキー，それがaに現れる回数をバリューとする辞書を返す。

```
def histogram(a):
    h = {}
    for i in a:
        if i in h:
            h[i] = h[i]+1
        else:
            h[i] = 1
    return h
```

i in h という条件式は，i というキーが h に登録されていれば True，そうでなければ False という値を持つ。h[i] = h[i]+1 という代入文は，i というキーのバリューを1増やす。h[i] = 1 という代入文は，i というキーのバリューを1に設定する。

(1) histogram（[3,1,4,1,5]）は何を返すか。

(1) _____
_____

(2) histogram（['pen','apple','pen','pen']）は何を返すか。

(2) _____
_____

02 | Python の基礎（3）教科書 p.92 ～ p.95

POINT

1. クラス定義

クラス定義は，（①　　　　）という予約語の後にクラス名と : から成る行で始め，以下にメソッドやプロパティの定義を並べる。

メソッドは関数と同様に定義するが，最初の仮引数は（②　　　　）とする。この仮引数にはメソッドが呼び出された先のオブジェクトが渡される。

クラス名を関数のようにして呼び出すとそのクラスのオブジェクトが作成され，初期化のメソッド（③　　　　）が呼び出される。

クラスのオブジェクトはフィールド（属性）をもつことができる。参照と設定が制御されたフィールドは（④　　　　　　）と呼ばれ，（⑤　　　　）と（⑥　　　　）によって定義される。

---

1 **組み込みクラス**　datetime モジュールの date クラスは，today というクラスメソッドをもっている。一般にクラスメソッドは，クラス名を冠して，関数のように呼び出すことができる。以下のようにして today を呼び出すと，呼び出した時点の日付が date クラスのオブジェクトとして作られて返される。

```
import datetime
td = datetime.date.today()
```

td は date クラスのオブジェクトとして，さまざまなプロパティやメソッドをもっている。

(1) (1) td.year, td.month, td.day の値を調べよ。

_____

_____

(2) (2) td.weekday() と呼び出すと何が返るか調べよ。

_____

2 **メソッドの定義**　教科書 p.94 の例題 12 にならって，2 月は 10 度，8 月は 34 度，それ以外の月は 2 月と 8 月との間を線形補間した値を返すように read_analog メソッドを定義したい。以下の空欄をうめよ。

(1) _____

_____

```
def _____(1)_____
    m = datetime.date.today()._____(2)_____
    if m>=8:
        self.temp = _____(3)_____
    else:
        self.temp = 10+abs(m-2)*4
    return self.temp
```

(2) _____

(3) _____

　⚠️**Tips** クラス定義の中で定義される通常のメソッドは，インスタンスメソッドと呼ばれる。オブジェクトはインスタンスとも呼ばれるからである。

3 **クラス定義** 教科書 p.147 の図 10 のプログラムは FieldStorage クラスのオブジェクトを利用している。FieldStorage クラスは cgi モジュールに属している。図 10 のプログラムをデバッグするために，FieldStorage クラスを自分で定義するには，図 10 のプログラムと同じフォルダに cgi.py というファイルを作成して，その中で FieldStorage クラスを定義すればよい。以下のクラス定義では，FieldStorage クラスのオブジェクトが作成された時に，'sens' というキーのバリューをキーボードから入力させて，__sens というフィールドに設定する。入力されたバリューは getvalue メソッドで取り出すことができる。空欄をうめよ。

(1) _____

(2) _____

_____

```
class _____(1)_____
    def _____(2)_____
        s = input("sens のバリューを入力してください :")
        self.__sens = s

    def _____(3)_____
        if key == 'sens':
            return self.__sens
        else:
            return ''
```

(3) _____

_____

4 **プロパティ** ゲッタとセッタによってプロパティを定義することができる。ここでは，list というプロパティを定義する。元の FieldStorage クラスでは，特殊なタプルのリストを値としているのだが，ここでは，キーとバリューのタプルのリストを値とする。ただし，キーとしては 'sens' のみを扱う。空欄をうめよ。

```
    @property
    def _____(1)_____
        return [('sens', self.__sens)]
    @list.setter
    def _____(2)_____
        for x in a:
            if x[0] == 'sens':
                self.__sens = x[1]
```

(1) _____

(2) _____

① class ② self ③ __init__ ④プロパティ ⑤セッタ ⑥ゲッタ

03 | Python のモジュール（1） 教科書 p.96 〜 p.99

POINT

1. NumPy

（ ① ） というデータ構造により（ ② ） のデータを効率的に扱うためのモジュールが含まれている。①は（③ ）関数を用いて作成できる。arange 関数を使うと任意の開始値と刻み幅を指定して配列を作成できる。①の形状は（④ ）属性により確認できる。①の形状は（⑤ ）メソッドにより変換できる。①の要素は，インデックスやスライスによって参照できる。①に対する算術演算は，①の要素ごとに算術演算をした新たな①を返す。ユニバーサル関数を使うと①の要素ごとに関数を適用した新たな①を返す。

2. matplotlib

グラフを可視化するためのモジュールが含まれている。（⑥ ）モジュールには散布図を描画する（⑦ ）関数や線グラフを描画する（⑧ ）関数など基本的なグラフを描画するための関数が含まれている。以下の関数によりさまざまな情報をグラフに含めることができる。

（⑨ ）…タイトルを表示する関数。
（⑩ ）…x 軸のラベルを表示する関数。
（⑪ ）…y 軸のラベルを表示する関数。
（⑫ ）…グリッドを表示する関数。
（⑬ ）…凡例を表示する関数。

---

(1) _____
(2) _____
(3) _____
(4) _____
(5) _____

ヒント

添字が負の場合は，配列の末尾から数えた要素になる。

(6) _____

1 配列の作成と変換 次のプログラムは，1 から 50 までの自然数のうち偶数を要素とする 5 行 5 列の 2 次元配列を作成するものである。プログラム中の空欄 (1)〜(4) に当てはまるものを答えなさい。また，(5)〜(6) の行が実行された時に表示される値を答えなさい。なお，配列 a の要素は昇順に並んでいるものとする。

```
import numpy as np
a = np.arange( __(1)__ , 52, __(2)__ )
b = a.reshape( __(3)__ , __(4)__ )
print(b[2,2])      # __(5)__
print(b[-1,-1])    # __(6)__
```

---

(1) _____
(2) _____
(3) _____
(4) _____

2 配列と演算 次のプログラムは，まず，−2 から 0.1 刻みで 2 までの値を要素とする配列 a を作成する。次に，配列 a の各要素の値を 2 乗した値を要素とする配列 b を作成する。最後に，配列 b の各要素 x に exp(−x) という処理を適用させた値を要素とする配列 c を作成する。なお，exp() はネイピア数（自然対数の底）e を底とする指数関数の値を計算する処理である。プログラム中の空欄 (1)〜(4) に当てはまるものを答えなさい。

```
import numpy as np
a = np.arange( __(1)__ , 2.1, __(2)__ )
b = __(3)__
c = __(4)__
```

！Tips オープンソースソフトウェアである NumPy はジムハグニンらによって開発された Numeric が元になっている。2005 年に Numarray の機能が Numeric に組み込まれ，そこへ大幅な修正を加えることで，NumPy が開発された。

3 散布図の描画　次のプログラムは，**2**
で作成した配列aと配列cの関係を
次のような散布図として描画するもの
である。プログラム中の空欄(1)〜(2)
に当てはまるものを答えなさい。

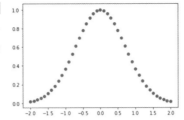

```
import matplotlib.pyplot as plt
plt.    (1)
plt.    (2)
```

4 曲線グラフの描画

(1) 次のプログラムは，**2**のプログラムの処理をもとに関数 gaussian を
作成している。関数 gaussian は引数に渡された配列の各要素 x に
exp （$-x^2$）という処理を適用させた値を要素とする配列を戻り値とし
て返すものである。プログラム中の空欄(1)に当てはまるものを答え
なさい。

```
import numpy as np
def gassusian(a):
    return    (1)
```

(2) 次のプログラムは，上記の関数 gaussian に渡された配列とその戻り
値となる配列の関係を次
のような曲線グラフとし
て描画するものである。
プログラム中の空欄(1)〜
(8)に当てはまるものを答
えなさい。

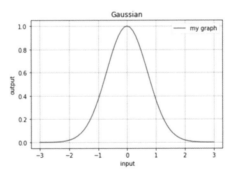

```
import numpy as np
import matplotlib.pyplot as plt
input = np.arange(-3, 3.2, 0.2)
plt.plot(  (1)  ,  (2)  ,  (3)  ='my graph')
plt.  (4)  ('Gaussian')
plt.  (5)  ('input')
plt.  (6)  ('output')
plt.  (7)  (True)
plt.  (8)
plt.show()
```

(1)
(2)

(1)
(1)

(2)
(1)
(2)
(3)
(4)
(5)
(6)
(7)
(8)

①配列　②多次元　③ array　④ shape　⑤ reshape　⑥ pyplot　⑦ scatter　⑧ plot　⑨ title　⑩ xlabel　⑪ ylabel　⑫ grid　⑬ legend　**51**

03 Python のモジュール（2）教科書 p.100 ～ p.101

pandas

pandas ライブラリにはデータ分析作業を支援するためのモジュールが含まれている。pandas では，データを（①　　　　　）または（②　　　　　　　　）として保持する。①は列，②は複数の列で構成される。①や②の行は（③　　　　　　），列は（④　　　　）でそれぞれ管理される。①や②は（⑤　　　　　）関数を用いて，CSV ファイルから作成することができる。

②（df と表記する）からの行や列の抽出

df [スライス]…行の位置をスライスとして指定して任意の行を抽出。

df [列名]…列名を添字として指定することで，その列を抽出。

df [列名のリスト]…列名のリストを添字として指定することで，リスト内の列を抽出。

df [条件]…列と条件を合わせて添字として指定することで，条件に合致した行を抽出できる。条件とブール演算子を組み合わせて複数の条件を作ることもできる。

df.（⑥　　　）[行の③のリスト，列名のリスト]…⑥属性を用いると行の③と列名を指定して任意の行と列を抽出できる。複数の行，列を行の③または列のリストで指定できる。

---

1 CSV ファイルの読み込み 下記の左図は G7 各国の地域，総人口(100万人単位)，高齢化率のデータを含む CSV ファイルとなっている。CSVファイルのファイル名は「G7_population.csv」，文字コードは utf-8 とする。

	A	B	C	D
1	国名	地域	総人口	高齢化率
2	アメリカ	北米	330	16.63
3	日本	アジア	125	28.4
4	ドイツ	ヨーロッパ	83	21.69
5	イギリス	ヨーロッパ	67	18.65
6	フランス	ヨーロッパ	65	20.75
7	イタリア	ヨーロッパ	60	23.3
8	カナダ	北米	37	18.1

	国名	地域	総人口	高齢化率
0	アメリカ	北米	330	16.63
1	日本	アジア	125	28.40
2	ドイツ	ヨーロッパ	83	21.69
3	イギリス	ヨーロッパ	67	18.65
4	フランス	ヨーロッパ	65	20.75
5	イタリア	ヨーロッパ	60	23.30
6	カナダ	北米	37	18.10

(1) 次のプログラムは，上記左図の CSV ファイルを読み込み，上記右図のようなデータフレームを作成するものである。プログラム中の空欄(1)～(3)に当てはまるものを答えなさい。

(1)(1)＿＿＿＿＿＿
(2)＿＿＿＿＿＿
(3)＿＿＿＿＿＿

```
import pandas as pd
df = pd. (1) ( (2) , encoding= (3) )
df
```

(2) len 関数にデータフレームまたはデータフレームの columns 属性を渡すとそれぞれデータフレームの行数，列数が確認できる。以下のプログラムが実行された時に表示される値を答えなさい。

(2)(1)＿＿＿＿＿＿
(2)＿＿＿＿＿＿

```
len(df)          # (1)
len(df.columns)  # (2)
```

!Tips pandas の開発者であるウェス・マッキニーは，勤務先において財務データを定量分析するための高性能で柔軟なツールを欲しており，2008 年に pandas の開発を開始した。退職前に上司を説得し，pandas の一般公開が可能となった。

2 行の条件抽出　次のプログラムは，**1**で作成したデータフレームから，指定した条件に合致する行を抽出するものである。以下の問いに答えなさい。

(1) 地域が「アジア」の行を抽出する時，プログラム中の空欄(1)に当てはまるものを答えなさい。

```
df[   (1)   ]
```

(2) 地域が「ヨーロッパ」かつ高齢化率が 20 以上の行を抽出する時，プログラム中の空欄(1)〜(2)に当てはまるものを答えなさい。

```
df[(   (1)   ) & (   (2)   )]
```

(1)(1) ＿＿＿＿＿＿
(2)(1) ＿＿＿＿＿＿
　(2) ＿＿＿＿＿＿
((1)と(2)は順不同)

3 行と列の抽出　データフレームの sort_values () メソッドを使用すると指定した列の値に基づいて行を並び替えることができる。次のプログラムは，**1**で作成したデータフレームを高齢化率の値で降順に並び替えた時の先頭行の国名と高齢化率を抽出するものである。プログラム中の空欄(1)〜(2)に当てはまるものを答えなさい。

```
df.sort_values(['高齢化率'], ascending=False)[   (1)   ][   (2)   ]
```

(1) ＿＿＿＿＿＿
(2) ＿＿＿＿＿＿

4 データフレームの描画　次のプログラムは，**1**で作成したデータフレームの総人口と高齢化率の値の関係を次のような散布図として描画するものである。プログラム中の空欄(1)〜(2)に当てはまるものを答えなさい。なお，scatter 関数の引数 s に与えた列の値に従って散布図の点の大きさが決定される。

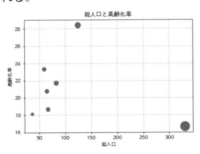

```
import matplotlib.pyplot as plt
import japanize_matplotlib
plt.scatter(   (1)   ,   (2)   , s=   (1)   )
plt.title(' 総人口と高齢化率 ')
plt.xlabel(' 総人口 ')
plt.ylabel(' 高齢化率 ')
plt.grid(True)
plt.show()
```

(1) ＿＿＿＿＿＿
(2) ＿＿＿＿＿＿

①シリーズ　②データフレーム　③インデックス　④カラム　⑤ read_csv　⑥ loc

ヒント

JavaScript では，i の n 乗は Math.pow (i,n) で求まる。2016 年以降は i**n でもよい。

(1) _____
(2) _____
(3) _____

ヒント

JavaScript では，配列 a の長さは a.length で求まる。

1 **JavaScript と Python**　空欄をうめて，以下の関数の定義を完成させなさい。JavaScript と Python で同様に動作する関数が定義される。

(1) 関数 devisor_function(x,n) は，正の整数 x と数 n が与えられた時，x の約数の n 乗の和を返す。ここでは x の約数には x 自身は含めない。例えば，devisor_function(28,1) は 28 を返す。

```javascript
function divisor_function(x,n) {
  var  (1) ;
  for(var i = 1; i <= x/2; i++) {
    if (  (2)  ) {
      s = s + Math.pow(i,n);
    }
  }
   (3)  ;
}
```

```python
def divisor_function(x,n):
   (1)
  for i in range(1,x//2+1):
    if  (2) :
      s = s + i**n
     (3)
```

(2) 関数 merge(a,b) は，数の整列された配列（リスト）a と b を合併したリストを返す。すなわち，返されるリストは整列されていて，a と b の要素から成る。例えば，merge([1,4],[2,3,5]) は，[1,2,3,4,5] を返す

(4) _____
(5) _____
(6) _____
(7) _____
(8) _____
(9) _____
(10) _____

```javascript
function merge(a,b) {
  var c =  (4) ;
  var j =  (5) ;
  for (var i = 0; i<a.length; i++) {
    var x = a[i];
    while (j<b.length &&  (6) ) {
      c.push (b[j])
       (7)
    }
    c.push (  (8)  )
  }
  while (j<b.length) {
    c.push (  (9)  ) ;
     (7)
  }
   (10) ;
}
```

```python
def merge(a,b) :
  c =  (4)
  j =  (5)
  for x in a:
    while j<len (b) and   (6)  :
      c.append (b[j])
       (7)
    c.append (  (8)  )
  while i<len (b) :
    c.append (  (9)  )
     (7)
   (10)
```

2 Python 空欄をうめて，以下の関数の定義を完成させなさい。

(1)関数 log_likelihood(w0,w1,s0,s1) は（下図の左），対数尤度を計算して返す。教科書 p.48 に従って $p(y=1 \mid x)$ を求める。教科書 p.48 の式の中のパラメータ w_0 と w_1 は仮引数 w0 と w1 に与えられる。y=0 となる x のデータがリストとして仮引数 s0 に，y=1 となる x のデータがリストとして仮引数s0に与えられる。教科書p.49の例は，log_likelihood(-6.0, 0.45, [4,15,5,7,6], [20,22,24,12,18]) によって計算できる。

```python
import math

def f(w0,w1,x):
    return 1/(1+math.exp(-(w0+w1*x)))


def log_likelihood(w0,w1,s0,s1):
    ll = 0
    for x in s0:
        ll = ll + math.log(  (1)  )
    for x in s1:
        ll = ll + math.log(  (2)  )
    return ll
```

```python
def merge_dict(a,b) :
  c = {}
  for k in a:
    if k in b:
      c[k] =   (3)
    else:
      c[k] =   (4)
  for k in b:
    if not (k in a) :
      c[k] =   (5)
  return c
```

(2)関数 merge_dict(a,b) は（上図の右），数をバリューとする辞書 a と b に対して，同じキーに対する a のバリューと b のバリューの和をバリューとする辞書 c を返す。片方にしか登録されていないキーに対しては，片方のバリューを c におけるバリューとする。例えば，merge_dict({'a':3,'b':4},{'a':5,'c':6}) は，{'a':8,'b':4,'c':6} を返す。

(3)NumPy の配列を用いることにより，配列の要素ごとの算術演算を行うことができる。以下のようにして，log_likelihood を簡潔に定義することができる。例えば，log_likelihood(-6.0, 0.45, np.array([4,15,5,7,6]), np.array([20,22,24,12,18])) によって教科書 p.48 の例題をプログラムで計算できる。

```python
import numpy as   (6)

def log_likelihood(w0,w1,s0,s1):
    return (sum(np.log(1-1/(1+np.exp(  (7)  )))) +
                        sum(np.log(1/(1+np.exp(  (8)  )))))
```

01 社会の中の情報システム 教科書 p.104〜p.107
02 情報システムの分類 教科書 p.108〜p.109

POINT

01 社会の中の情報システム

（①　　　　　　　　　）…情報を収集し，記録，処理，加工して伝達する仕組みや，ハードウェアと情報通信ネットワーク，およびそれを制御するソフトウェア，これらを運用する仕組み。

（②　　　　　　　　）…インターネットに接続して情報のやりとりができるようにした電化製品。

（③　　　　　　）…故障せずに連続で動作することを示す評価指標。

（④　　　　　　）…情報システムの稼働率を示す評価指標。

（⑤　　　　　　）…故障が発生した時における修理のしやすさを示す評価指標。

（⑥　　　　　　）…情報システムに記録されているデータの不整合の起こりにくさを示す評価指標。

（⑦　　　　　　）…外部からの侵入や情報漏洩の起こりにくさを示す評価指標。

02 情報システムの分類

（⑧　　　　　　　　　　）…大型コンピュータにすべてのデータを集め，そこに複数台の端末を接続して，端末からの依頼によってすべての処理を集中的に行うシステム。

（⑨　　　　　　　　）…複数の小型コンピュータをネットワークで接続して，データを共有しつつそれぞれの業務を分担して処理するシステム。

（⑩　　　　　　　　　）…サービスを提供する側のコンピュータと要求する側のコンピュータに分かれているシステム。

（⑪　　　　　　　　　　）…コンピュータ間にサービスの要求と提供に固定した関係がなく，すべてのコンピュータが対等な関係のシステム。

（⑫　　　　　　　　　　）…販売管理や顧客管理，生産管理，在庫管理などで使用する，企業がビジネスを遂行するために不可欠な業務を処理するシステム。

（⑬　　　　　　　　　）…コミュニケーションや事務処理の効率化，意思決定の支援などに使用されるシステム。

（⑭　　　　　　　　　　）…機器や生産設備などを最適に動作させるシステム。

（⑮　　　　　　　　　）…機器の内部に小型のコンピュータが組み込まれているシステム。

---

1 クライアントサーバシステム　クライアントサーバシステムの説明として正しいものに○，間違っているものに×を付けなさい。

(1) クライアントは，サーバからの要求に対して，互いに協調しながらサービスを提供する。

(2) 対等な関係にあるクライアントとサーバどうしが相互のデータを利用できる。

(3) クライアントとサーバが協調して，目的の処理を遂行する分散処理システムであり，サーバがサービスを提供する。

(4) サーバにすべてのデータを集め，クライアントからの依頼によってすべての処理をサーバが遂行するのが集中処理システムである。

(1) _____

(2) _____

(3) _____

(4) _____

!Tips ピアツーピアシステムで運用されていたビデオ通話などの機能をもつSkypeは，さまざまな新機能を追加するため，現在ではマイクロソフトのクラウドシステムであるAzureで運用されている。

2 次の機能をもつ各サーバの名称を答えなさい。

(1) クライアントからの要求に対して，動画や音楽の配信を行う。

(2) クライアントからの Web ページの閲覧の要求に対して Web ページのデータを提供する。

(3) クライアントからの要望に応じて，ファイルの提供を行う。

(4) クライアントからの要求に対して，プログラムを動作させる。

(5) クライアントからの要求に対して，蓄積・管理している大量のデータを提供する。

(6) クライアントからの要求に対して，ファイルのアップロード・ダウンロードを行う。

(7) クライアントからの要求に対して，ネットワーク接続を通してメールの送受信を行う。

(8) クライアントからの印刷要求に対して印刷を実行する。

(1) _____

(2) _____

(3) _____

(4) _____

(5) _____

(6) _____

(7) _____

(8) _____

3 **情報システムの評価指標** 次の情報システムの評価指標に関する各設問に答えなさい。

設問1 以下の(1)〜(3)の用語は，情報システムの評価指標を示したものである。該当する用語を解答群のア〜オから選びなさい。

(1) 平均故障間隔（MTBF：Mean Time Between Failure）
故障が回復してから次に故障するまでの平均時間

(2) 平均修復時間（MTTR：Mean Time To Repair）
故障が発生した時に回復に要する平均時間

(3) 稼働率
ある期間において，情報システムが正常に稼働している割合

(1) _____

(2) _____

(3) _____

＜解答群＞……………………………………………………………………………
ア．安全性　イ．保全性　ウ．信頼性　エ．保守性　オ．可用性

設問2 ある情報システムが図1のように稼働していたとする。

(4) 平均故障間隔（MTBF）を求めなさい。

(5) 平均修復時間（MTTR）を求めなさい。

(6) 稼働率（％）を求めなさい。

(4) _____

(5) _____

(6) _____

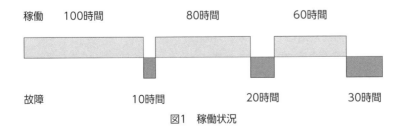

図1　稼働状況

稼働　100時間　80時間　60時間

故障　10時間　20時間　30時間

①情報システム　②スマート家電　③信頼性　④可用性　⑤保守性　⑥保全性　⑦安全性　⑧集中処理システム　⑨分散処理システム
⑩クライアントサーバシステム　⑪ピアツーピアシステム　⑫基幹系システム　⑬情報系システム　⑭計測・制御系システム
⑮組み込みシステム

57

03 情報システムの開発 教科書 p.110 ～ p.117

POINT

（①　　　　　）…開発するソフトウェアがどのような要求を満たしているかを明確にする工程。

（②　　　　　）…システム全体の概要，主な機能，画面などの外見的な見た目の部分などを設計する工程。

（③　　　　　）…システム内部のプログラムの構造や処理手順などの詳細な設計を行う工程。

（④　　　　　）…プログラムの内部構造を検討し，機能単位の分割やそれらの接続部分などを決定する工程。

（⑤　　　　　）…プログラムの作成を行う工程。

（⑥　　　　　）…作成したソフトウェアの動作確認を行い，ハードウェアを含めたシステム全体の動作テストを行う工程。

（⑦　　　　　）…運用中の障害や問題点を検討し，システム全体の評価を行い，信頼性を高めるようにする工程。

（⑧　　　　　）…目標を達成する計画を遂行するため，人的資源，物的資源，費用，日程などを調整し，プロジェクトの進捗状況の把握や管理を行うこと。

（⑨　　　　　）…他のプログラムから利用できるようにしたプログラム。

（⑩　　　　　）…プログラム上の欠陥や誤りなどの不具合について，その原因を発見し，意図した通りに動作するように修正する作業。

（⑪　　　　　）…ファイルやフォルダの変更履歴を管理するシステム。

（⑫　　　　　）…上記⑪において，ファイルの各バージョンを保持しているデータベース。

（⑬　　　　　）…滝が上流から下流に向かって流れ落ちるように，上から下に向かって順番に開発を進めていく開発手法。

（⑭　　　　　）…試作品をユーザに使用させる工程を設け，ユーザの要求の確認や変更を行うことにより，全体の開発工程の数を減らすための開発手法。

（⑮　　　　　）…要求定義，設計，開発，テストの工程を渦巻き状に順番に発展しながら進めて行く開発手法。

（⑯　　　　　）…最初から厳密な仕様は決めず，おおまかな仕様だけで反復的な開発を開始し，小単位での開発を繰り返していく機敏な開発手法。

1 テスト 次の(1)～(4)のシステム開発におけるテストの種類として該当するものをア～エの中から選び，記号で答えなさい。

(1) 単体テスト　(2) 結合テスト　(3) 総合テスト　(4) 運用テスト

(1) _____

(2) _____

(3) _____

(4) _____

ア．複数のモジュールを集めて行うプログラム単位のテストであり，内部設計に対応したテストである。

イ．実際の業務での利用に問題がないか，要求がすべて満たされているかを最終確認するテストである。

ウ．システム全体が動くかを確認するテストであり，外部設計に対応したテストである。

エ．プログラムを構成するモジュール単位のテストである。

！Tips バージョン管理システムには Git や CVS，Subversion などがあり，以前はユーザのサーバにセットアップする必要があった。しかし GitHub（ギットハブ）は，セットアップの必要がなく，アカウントを登録するだけで Web ブラウザからクラウド上の Git を使うことができる。

2 **単体テスト** 次の単体テストに関する文章において，(1)～(3)の空欄に入れる適切な語句を解答群から選びなさい。

命令を網羅する率 A と分岐を網羅する率 B を次のようにする。

$$命令を網羅する率 A[\%] = \frac{テストによって実行する命令数}{すべての命令数} \times 100$$

$$分岐を網羅する率 B[\%] = \frac{テストによって通過する経路の数}{分岐によるすべての経路数} \times 100$$

図1において，テストデータを（M=0, N=0）としてテストすると，A は (1) % になり，B は (2) % になる。

B を 100% にするには，最小限の個数で追加するテストデータは (3) である。

(1) _____

(2) _____

(3) _____

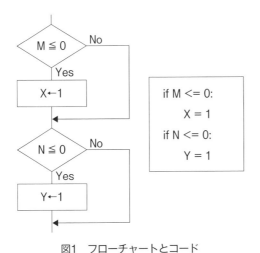

```
if M <= 0:
    X = 1
if N <= 0:
    Y = 1
```

図1 フローチャートとコード

＜(1)と(2)の解答群＞ ···
ア. 20　イ. 40　ウ. 50　エ. 60　オ. 70　カ. 80　キ. 100

＜(3)の解答群＞ ···
ア.（M=0, N=1）
イ.（M=1, N=0）
ウ.（M=1, N=1）
エ.（M=0, N=1）と（M=1, N=0）
オ.（M=0, N=1）と（M=1, N=1）
カ.（M=1, N=0）と（M=1, N=1）
キ.（M=0, N=1）と（M=1, N=0）と（M=1, N=1）

①要求定義　②外部設計　③内部設計　④プログラム設計　⑤プログラミング　⑥テスト　⑦運用・保守　⑧プロジェクトマネジメント　⑨モジュール　⑩デバッグ　⑪バージョン管理システム　⑫リポジトリ　⑬ウォータウォールモデル　⑭プロトタイプモデル　⑮スパイラルモデル　⑯アジャイルモデル

59

04 | 設計手法 教科書 p.118 ～ p.121

POINT

（①　　　　　　　　　　）…データ構造や処理の流れなどソフトウェアに関連するさまざまな設計や機能を図示するための表記法を定めたもの。

（②　　　　　　　）…上記①のうち，システムの構造を表す図。

（③　　　　　　　　）…上記①のうち，動作や変化を表す図。

（④　　　　　　　　）…オブジェクト指向プログラミングにおける，クラスの構造（プロパティ，メソッドなど）やクラス間でのデータのやりとりを定義するなど，ソフトウェアを設計する際に利用される図。

（⑤　　　　　　　　）…ある状態から別の状態に変化することを図形式にしたもの。

（⑥　　　　　　　　）…ある状態から別の状態に変化することを表形式にしたもの。

（⑦　　　　　　　　）…要素間の相互作用を時系列で表したもの。

（⑧　　　　　　　　）…上記⑦で相互作用に関係する要素。

（⑨　　　　　　　　）…上記⑧が実行状態であること示す記号。

（⑩　　　　　　　　）…上記⑦で送信先の応答を待ってから次の処理を行うメッセージ。

（⑪　　　　　　　　）…上記⑦で送信先の応答を待たずに次の処理を行うメッセージ。

1　シーケンス図　下の図は利用者が自動販売機の料金装置にお金を入れて，ボタンを押し，排出装置によって商品が排出されるまでの手順をシーケンス図で表したものである。空欄に当てはまる語句を解答群から選択しなさい。

(1) _____
(2) _____
(3) _____
(4) _____
(5) _____
(6) _____
(7) _____

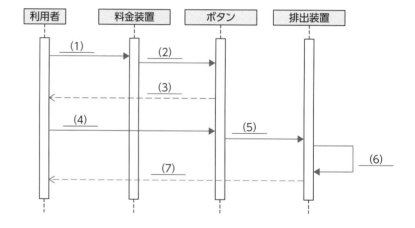

<解答群>……………………………………………………………………………

ア．商品の種類の信号　イ．料金の投入完了信号　ウ．ボタンを押す

エ．料金の投入　オ．商品と釣銭　カ．商品を排出する

キ．ボタン内のランプを点灯する

❗Tips UML は分析や設計などシステム開発の上流工程で使われ，13 種類の図があるが，よく使われる図は，状態遷移図，シーケンス図，クラス図，ユースケース図である。

2 状態遷移 図1は，50円と100円の2種類の硬貨のみを受けつけ，150円の商品1個を販売する自動販売機の状態遷移図である。「入力なし」とは，硬貨の投入がないことを表し，「出力なし」とは，商品や釣銭が出てこないことを表している。表1は状態遷移表，図2は画面の表示，図3はプログラムである。空欄に適切な語句を入れなさい。

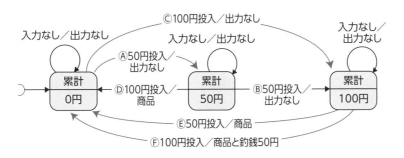

図1　自動販売機の状態遷移図

表1　自動販売機の状態遷移表

状態＼イベント	累計 0円	累計 50円	累計 100円
50円投入	出力なし	(1)	(3)
	累計50円	(2)	(4)
100円投入	(5)	商品	(7)
	(6)	累計0円	(8)
入力なし	(9)	(11)	出力なし
	(10)	(12)	累計100円

金額の入力（50 or 100 終了は0）

金額投入時

累計 50円	累計 100円
Ⓐ	ⒷⒸ

商品	商品と釣銭50円
ⒹⒺ	Ⓕ

図2　画面表示

```
def sale(x):
    global s
    if s == 0 and x == 50:
        print(' 累計 50円 '); s = 50
    elif s == 50 and x == 50 or s == 0 and x == 100:
        print(' 累計 100円 '); ___(13)___
    elif s == 50 and x == 100 or s == 100 and x == 50:
        print(' 商品 '); ___(14)___
    elif s == 100 and x == 100:
        print(' 商品と釣銭 50円 '); ___(15)___
s = 0
while True:
    i = int(input(' 金額の入力 (50 or 100 終了は0) '))
    if i == 50 or i == 100:
        sale(i)
    elif i == 0:
        break
```

図3　自動販売機のプログラム

(右段)

第4章 情報システム

(1) ＿＿＿＿＿＿
(2) ＿＿＿＿＿＿
(3) ＿＿＿＿＿＿
(4) ＿＿＿＿＿＿
(5) ＿＿＿＿＿＿
(6) ＿＿＿＿＿＿
(7) ＿＿＿＿＿＿
(8) ＿＿＿＿＿＿
(9) ＿＿＿＿＿＿
(10) ＿＿＿＿＿＿
(11) ＿＿＿＿＿＿
(12) ＿＿＿＿＿＿
(13) ＿＿＿＿＿＿
(14) ＿＿＿＿＿＿
(15) ＿＿＿＿＿＿

ヒント

図2のⒶ～Ⓕは，図1のⒶ～Ⓕの部分で硬貨を投入した時の画面表示である。図3の中のsは累計金額，iまたはxは投入する金額である。

05 Webシステムの仕組み 教科書 p.122～p.127

POINT

（① 　　　　　）…クライアントサーバシステムの構成要素のうち，クライアント側のソフトウェアとしてWebブラウザを用いるシステム。

（② 　　　　　）…Webページに必要なデータを配信するためのソフトウェア，またはそのコンピュータ。

（③ 　　　　　）…Webページに表示する内容を条件に応じて変更することができないWebページ。

（④ 　　　　　）…Webページに表示する内容を条件に応じて変更することができるWebページ。

（⑤ 　　　　　）…WebブラウザからWebサーバに対する要求。

（⑥ 　　　　　）…WebサーバからWebブラウザに対する応答。

（⑦ 　　　　　）…動的なWebページを実現するためにWebサーバ上でプログラムを動作させるための仕組み。

（⑧ 　　　　　）…Webサーバが稼働しているコンピュータAに，Webブラウザを搭載した別のコンピュータBから接続した場合のコンピュータAのこと。

（⑨ 　　　　　）…Webサーバが稼働しているコンピュータAに，Webブラウザを搭載した同じコンピュータAから接続した場合のコンピュータAのこと。

（⑩ 　　　　　）…Webサーバが外部に公開するファイルが置かれた起点となる最上位のフォルダ。

（⑪ 　　　　　）…Webサーバが外部と通信する窓口。

（⑫ 　　　　　）…LAN内のWebサーバ。

1 **動的なWebページ** 次の図は動的なWebページを表示する仕組みを示している。図中の(1)～(6)に当てはまる説明をア～カより選択しなさい。

(1) _____
(2) _____
(3) _____
(4) _____
(5) _____
(6) _____

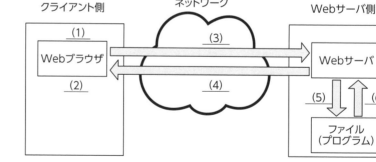

ア．サーバからクライアントへレスポンスを送信する。

イ．プログラムを実行する。

ウ．プログラム名をURLとして入力する。

エ．HTMLファイルをWebブラウザに表示する。

オ．クライアントからサーバへリクエストを送信する。

カ．実行結果をHTMLファイルに埋め込む。

①Tips Webシステムは，ECサイトやネットオークションサイトでの商品の購入，ネットバンキングでの銀行口座の残高を確認など，生活に不可欠なサービスとなっている。

2 **動的な Web ページ**　以下の空欄に適切な語句を入れなさい。

　図1のように IP アドレスが 192.168.0.5 のクライアントから 192.168.0.10 の Web サーバにポート番号が 80 のポートを通して接続する。教科書 p.127 の例題（コイン投げシミュレーション）を参考にして作成した図2のプログラム（prog.py）を図3のように Web サーバ内に配置する。Web サーバを起動するための server.py を実行したあと，クライアントの Web ブラウザのアドレス欄に以下の URL を入力して prog.py を実行させる。

http://__(1)__／__(2)__／__(3)__

　prog.py では，2個のコインを投げ，両方とも1の場合だけ「あたり」，それ以外は「はずれ」となるように Web ブラウザには図4のように4通りで表示されるようになっている。コインの裏，表に対応させた 0，1 は乱数により生成し，Web ブラウザの__(4)__ボタンをクリックすることで新しい乱数を生成することができる。

ヒント

server.py の稼働方法は p.88 〜 p.89 を 参照のこと。

第4章 情報システム

(1)

(2)

(3)

(4)

(5)

(6)

(7)

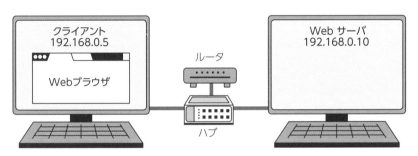

図1　接続図

```
・・・・・ 途中省略 ・・・・・
html = '''
・・・・・ 途中省略 ・・・・・
  <body>
    <h1>  (5)  </h1>
  </body>
</html>
'''
・・・・・ 途中省略 ・・・・・
x = random.randint(0,1)
y = random.randint(0,1)
if   (6)   :
    z = 'あたり'
else:
    z = 'はずれ'
print(html.format(  (7)  ))
```

図2　prog.py

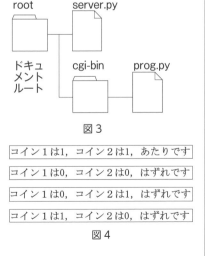

図3

| コイン1は1，コイン2は1，あたりです |
| コイン1は0，コイン2は0，はずれです |
| コイン1は0，コイン2は1，はずれです |
| コイン1は1，コイン2は0，はずれです |

図4

---

06 データの送受信の方法 教科書 p.128 〜 p.133

POINT

（①　　　　　　　）…Web サーバへ送信するデータを Web ブラウザ上から入力するための仕組みであり，URL の末尾に「?」とデータが追加される。

（②　　　　　　　）…Web サーバへ送信するデータを Web ブラウザ上から入力するための仕組みであり，メッセージ本体にデータが組み込まれる。

（③　　　　　）…クライアントから Web サーバに送信されるデータの送信先をプログラム名で指定するための form 要素の属性。

（④　　　　　）…GET リクエストまたは POST リクエストで送信する方法を指定するための form 要素の属性。

（⑤　　　　）…1 行テキストボックスやラジオボタン，送信ボタンなどを配置するための input 要素の属性。

（⑥　　　　　）…フォーム部品のキー（識別名）を指定するための input 要素の属性。

（⑦　　　　　）…フォーム部品の初期値やラベル名（部品の表面の見出し文字）を指定するための input 要素の属性。

（⑧　　　　　）…複数行テキストボックスのキー（識別名）を指定するための textarea 要素の属性。

（⑨　　　　　）…複数行テキストボックスの高さを文字数で指定するための textarea 要素の属性。

（⑩　　　　　）…複数行テキストボックスの幅を文字数で指定するための textarea 要素の属性。

（⑪　　　　　　）…クライアントから送信されたデータをサーバ側で取得するためのクラス。

（⑫　　　　　　）…クライアントから送信されたデータをサーバ側で受け取るメソッド。

---

1 **GET メソッドと POST メソッド**　次の文章について，GET メソッドについて説明しているものに「GET」と，POST メソッドについて説明しているものに「POST」と記入しなさい。

(1) 送信データの中身がわかりにくい。

(2) URL 内にページのすべてのデータがあるのでブックマークができる。

(3) URL の末尾にデータを付加するため，送信データが公開されてしまう。

(4) テキストデータ（文字）もバイナリデータ（文字以外）も送信できる。

(5) テキストデータしか送信できない。

(6) URL に使用できる文字数に制限があるため大量のデータを送れない。

(7) 送信できるデータ量が多い。

(1) ＿＿＿＿＿＿
(2) ＿＿＿＿＿＿
(3) ＿＿＿＿＿＿
(4) ＿＿＿＿＿＿
(5) ＿＿＿＿＿＿
(6) ＿＿＿＿＿＿
(7) ＿＿＿＿＿＿

2 **form 要素**　次の文で正しいものに〇，誤りがあるものに×を付けなさい。

(1) submit ボタンをクリックすると，テキストボックスやラジオボタンなどに入力された値をクライアントに送信することができる。

(2) <input> タグは単独タグで，終了タグ </input> がない。

(3) 複数の属性は「属性=" 属性値 "」を半角カンマで区切って記述する。

(4) 送信されるデータは，keyvalue（キー値）形式で送信される。

(1) ＿＿＿＿＿＿
(2) ＿＿＿＿＿＿
(3) ＿＿＿＿＿＿
(4) ＿＿＿＿＿＿

Tips 「http://example.com/%E3%81%82/」のように URL には使えない文字の部分に 16 進数を表す「%」が含まれる場合がある。「%E3%81%82」は「あ」に相当する UTF-8 の文字コードを表し，「http://example.com/%E3%81%82/」は「http://example.com/ あ /」と同じである。

3 **form 要素** 以下の空欄に適切な語句を入れなさい。

図1のように，Web ブラウザ上で金額（price）と税率（tax）の1行テキストボックスに数値を入れ，「計算」ボタンをクリックすると，税込金額が表示されるプログラム（図3 tax.py）を教科書 p.130 の例題を参考にして作成し，Web サーバに図2のように配置する。

Web サーバを起動するための server.py を実行したあと，ローカルホストの Web ブラウザのアドレス欄に以下の URL を入力して tax.py を実行させる。なお，使用するポート番号は 80 である。

ヒント

server.py の稼働方法は p.88 〜 p.89 を参照のこと。

第4章 情報システム

```
http://  (1)  /  (2)  /  (3)
```

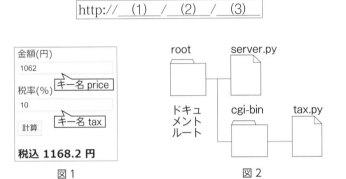

図1   図2

(1) _____
(2) _____
(3) _____
(4) _____
(5) _____
(6) _____
(7) _____
(8) _____
(9) _____
(10) _____

(11) _____

```
····· 途中省略 ·····
html1 = '''
····· 途中省略 ·····
  <body>
    <form action="calc.py" method="post">
      <p> 金額 ( 円 )<br><input type=  (4)   name=  (5)  ></p>
      <p> 税率 (%)<br><input type=  (4)   name=  (6)  ></p>
      <input type="submit" value=  (7)  >
    </form>
'''
html2 = '''
  </body>
</html>
'''
····· 途中省略 ·····
print(html1)
form = cgi.FieldStorage()
a = form.getvalue(   (8)   )
b = form.getvalue(   (9)   )
if a != None and b != None:
    c = float(a) * (   (10)   )
    print('<h3>',   (11)   , '</h3>')
print(html2)
```

図3   tax.py

---

① GET リクエスト ② POST リクエスト ③ action ④ method ⑤ type ⑥ name ⑦ value ⑧ name ⑨ rows ⑩ cols
⑪ FieldStorage ⑫ getvalue

65

07 | Web API 教科書 p.134 ～ p.135

POINT

1. JSON 形式

（①　　　　　）…ネットワークを通したデータのやり取りに多く使用されているデータ形式の1つで，JavaScript Object Notation の略語。JSON モジュールの loads 関数を使うと，JSON 形式の（②　　　　　）を（③　　　　　）に変換できる。

2. Web API の利用

Web API を提供している Web サイトに，（④　　　　　　）モジュールの get メソッドを実行してリクエストを送信すると，レスポンスとして取得したい情報を（⑤　　　　）形式などのデータとして受け取ることができる。

---

1 JSON 形式 次の文章が正しい場合には〇，誤りがある場合には×と答えなさい。

(1)

(2)

(3)

(1)JSON 形式の文字列は，辞書に似ているが，単なる文字列であるため，プログラムで扱うためには整数型に変換する必要がある。

(2)JSON 形式のキーや文字列の値はシングルクォーテーションで囲まなければならない。

(3)JSON モジュールの loads 関数を使うと，JSON 形式の文字列を辞書型に変換できる。

2 JSON 形式 次の文の空欄に適切な語句を入れなさい。

変数 a ～ d のうち，辞書型の変数は＿＿(1)＿＿であり，json.loads 関数の引数として適切な変数は＿＿(2)＿＿である。

(1)

(2)

a = {" 天気 ":" 晴 "," 気温 ":25}
b = {' 天気 ':' 晴 ',' 気温 ':25}
c = '{" 天気 ":" 晴 "," 気温 ":25}'
d = "{' 天気 ':' 晴 ',' 気温 ':25}"

3 Web API 次の文で正しいものに〇，誤りがあるものに×を付けなさい。

(1)

(2)

(3)

(4)

(1)Web API は，公開している Web サーバに Web ブラウザを用いて接続しなければならない。

(2)Web API は，外部モジュールを PyPI と呼ばれるサイトからインストールするサービスである。

(3)Web API は，普通の Web サーバへのアクセスと同じように，HTTP プロトコルを利用し，リクエストとレスポンスによってやりとりを行う。

(4)Web API は，公開している Web サーバにリクエストを送信すると，JPEG 形式の文字列でレスポンスが返ってくるものが多い。

!Tips 問題 4 の zipcloud は，株式会社アイビスが運営する郵便番号データ配信サービスである。

4 **Web API の利用**　次の文章の空欄に適切な語句を入れなさい。

　郵便番号から住所を検索する Web サービスとして，zipcloud と呼ばれる郵便番号検索 Web API がある。

　このサービスは，調べたい郵便番号をリクエストに含んだ形式の URL にアクセスをすると，住所を含んだ JSON 形式のデータが返ってくる。

　図1のプログラム（postalcode.py）を実行し郵便番号を入力すると，図2のように表示される。

　ここで，図3のように表示させるためには「print（address）」の部分を「print（ (1) ＋ (2) ＋ (3) ）」に変更すればよい。

　zipcloud は郵便番号を入力する際，郵便番号7桁の文字列の3文字目と4文字目の間にハイフン（-）を挿入しても，ハイフンを省略してもどちらでも対応できるようになっている（図の例では1020076でもよい）。

　なお，json モジュールは標準モジュールであるが，requests モジュールは外部モジュールであるため，プログラムを実行する前に「pip install (4) 」で事前にモジュールをインストールしておく必要がある。

(1) ＿＿＿＿＿＿＿＿

＿＿＿＿＿＿＿＿

(2) ＿＿＿＿＿＿＿＿

＿＿＿＿＿＿＿＿

(3) ＿＿＿＿＿＿＿＿

＿＿＿＿＿＿＿＿

(4) ＿＿＿＿＿＿＿＿

```
import requests, json
zipcode = input(' 郵便番号の入力 ')
url = 'http://zipcloud.ibsnet.co.jp/api/search'
param = {'zipcode': zipcode}
res = requests.get(url, params=param)
response = json.loads(res.text)
address = response['results'][0]
print(address)
```

図1　postalcode.py

```
郵便番号の入力　102-0076
{'address1':'東京都', 'address2':'千代田区', 'address3':'五番町',
'kana1':'トウキョウト', 'kana2':'チヨダク', 'kana3':'ゴバンチョウ', 'prefcode':
'13', 'zipcode':'1020076'}
```

図2　表示例1

```
郵便番号の入力　102-0076
東京都千代田区五番町
```

図3　表示例2

① JSON　②文字列　③辞書型　④ Requests　⑤ JSON

08 ファイル操作 教科書 p.136 ～ p.137

POINT

（①　　　　　　　　　　）…ファイルを操作するためのオブジェクト。
（②　　　　　）…ファイルを開き，戻り値としてファイルオブジェクトを取得するメソッド。
（③　　　　　　）…ファイルを閉じるメソッド。
（④　　　　　）…ファイルに文字列を書き込むメソッド。

（⑤　　　　　）…ファイルの内容をすべて読み込んで，戻り値として文字列に格納するメソッド。
（⑥　　　　　　）…ファイルの内容を 1 行分読み込んで戻り値として文字列に格納するメソッド。
（⑦　　　　　　　）…ファイルの内容をすべて読み込んで戻り値として配列の要素に格納するメソッド。

---

1 ファイルの操作　次の文で正しいものに〇，誤りがあるものに×を付けなさい。

(1) open メソッドを使ってファイル名を指定してファイルを開いたとき，指定したファイルが存在しない場合はエラーになる。

(2) open メソッドの encoding 引数に指定する shift-jis は，世界的に最も普及している文字コードである。

(3) with 構文を使うと，open メソッドを省略することができる。

(4) open メソッドの mode 引数に指定する r は，読み出しでファイルを開く処理を行う指定である。

(1) _____
(2) _____
(3) _____
(4) _____

2 ファイルの操作　次のプログラムを実行すると，エラーが発生した。画面に「あいうえお」を表示させるためには，解答群の____(1)____の方法でエラーを修正すればよい。(1)に入る内容を解答群から選びなさい。

```
① f = open('data.txt', mode = 'w', encoding = 'utf-8')
② f.write(' あいうえお ')
③ f.close()
④ f = open('data.txt', mode = 'r', encoding = 'shift-jis')
⑤ text = f.read()
⑥ print(text)
⑦ f.close
```

(1) _____

＜解答群＞……………………………………………………………………………
ア．⑤の f.read() を f.write() に変更する。
イ．④の mode = 'r' を mode = 'a' に変更する。
ウ．④の encoding = 'shift-jis' を encoding = 'utf-8' に変更する。
エ．⑥の print(text) を print('text') に変更する。
オ．①と④の末尾に半角のコロン「:」を付け，②と⑤を字下げする。

!Tips 小さいファイルの場合，read () や readlines での読み出しが効率的であるが，大きいファイルの場合，メモリを圧迫するおそれがあるので，readline で 1 行ずつ読み出すとよい。

3 **ファイルの読み出し**　図1のような内容のテキストファイル data.txt に対して，図3〜図6のプログラムを実行した。画面にどのように表示されるか，解答群から適切なものを選び，記号で答えなさい。

　なお，read メソッドは，「read（文字数）」として引数に文字数を指定すると，ファイルから指定した文字数だけ文字列を読み出すことができる。

```
おはよう
こんにちは
こんばんは
```
図1 data.txt

① `f = open('data.txt', mode = 'r', encoding = 'utf-8')`

図2　以下の図3〜図6での共通部分

(1)図3の実行画面

```
② text = f.read(8)
③ print(text)
④ f.close
```
図3

```
② text = f.readline()
③ print(text)
④ f.close
```
図4

(2)図4の実行画面

(3)図5の実行画面

```
② text = f.read()
③ print(text)
④ f.close
```
図5

```
② text = f.readlines()
③ print(text)
④ f.close
```
図6

(4)図6の実行画面

(1) _____
(2) _____
(3) _____
(4) _____

<解答群>‥‥‥‥‥‥‥‥‥‥‥‥‥‥‥‥‥‥‥‥‥‥‥‥‥‥‥‥‥‥‥‥‥

```
おはよう
こんにちは
こんばんは
```
ア．

```
おはよう
```
イ．

```
こんばんは
```
ウ．

```
おはよう
こんにち
```
エ．

```
おはよう
こんに
```
オ．

```
['おはよう','こんにちは','こんばんは']
```
カ．

```
おはよう
こんにちは
```
キ．

```
['おはよう¥n','こんにちは¥n','こんばんは']
```
ク．

```
こんにちは
```
ケ．

```
[おはよう,こんにちは,こんばんは]
```
コ．

①ファイルオブジェクト　②open　③close　④write　⑤read　⑥readline　⑦readlines

09 データベースの操作 教科書 p.138〜p.141

POINT

（①　　　　　　　）…大量のデータを検索しやすいように整理し，コンピュータに蓄積したもの。

（②　　　　　　　　　　　）…データを表に分類し，複数の表を互いに関連付けて扱うデータベース。

（③　　　　）…表から行を取り出す操作。

（④　　　　）…表から列を取り出す操作。

（⑤　　　　）…表と表を結合する操作。

（⑥　　　　　）…表の中の行を特定するための列。

（⑦　　　　　　）…別の表の主キーを参照する列。

（⑧　　　　　　　）…共通する列を通じて複数の表を関連付けること。

（⑨　　　　　　）…主キーの1つの値に対して，それを参照している外部キーの値が複数存在している関係。

1 **SQL** 表1の操作に相当する表2の構文の記号を空欄に入れなさい。

(1) _____
(2) _____
(3) _____
(4) _____
(5) _____

表1　操作	
(1)	外部キーの指定
(2)	データの抽出
(3)	表の作成
(4)	データの追加
(5)	主キーの指定

表2　SQL構文	
ア	PRIMARY KEY 〜
イ	CREATE TABLE 〜
ウ	SELECT 〜 FROM 〜 WHERE 〜
エ	FOREIGN KEY 〜 REFERENCES 〜
オ	INSERT INTO 〜 VALUES 〜

2 **プログラムによるデータベースの操作** 教科書p.141の例題2のプログラムでは，テーブルに複数行のデータ追加を行うためにexecutemanyメソッドを使ってSQL文（sql2）を複数実行している。

下のプログラムは例題2と同じ機能をexecutemanyメソッドの代わりに3つのexecuteメソッドを使って実現している。

空欄に適切な語句を入れなさい。

(1) _____

(2) _____

(3) _____

```
・・・・・途中省略・・・・・
名簿1 = 　(1)　
名簿2 = 　(2)　
名簿3 = 　(3)　
・・・・・途中省略・・・・・
sql2 = 'INSERT INTO 生徒 VALUES (?,?,?);'
・・・・・途中省略・・・・・
cur.execute(sql2, 名簿1)
cur.execute(sql2, 名簿2)
cur.execute(sql2, 名簿3)
・・・・・途中省略・・・・・
```

!Tips データベースに複数行のデータを追加する場合に，executemanyを使うと，1行のINSERT文で複数のデータを同時に挿入することができる。

3 **SQL** 備品貸出管理データベースを，SQL を使用して作成・操作する。以下の名簿表，備品表，貸出表を作成し，名簿表の名前コードと備品表の備品コードに主キーを設定し，貸出表の名前コードと備品コードに外部キーに設定して，これらの間にリレーションシップを設定する。
3 つの表から右下のように貸出日が 20230430 以前または 20230701 以降の条件を満たすレコードを抽出した表を作成する。表の作成とデータの抽出の SQL 文の空欄に適切な語句を入れなさい。

名簿表

名前コード	名前
m01	上野亮太
m02	佐藤雅弘
m03	川嶋美沙
m04	木村早紀
m05	田島壮太
m06	辻村和成

貸出表

名前コード	備品コード	貸出日
m05	b02	20230425
m01	b03	20230515
m03	b01	20230607
m03	b04	20230607
m02	b05	20230718

備品表

備品コード	備品名
b01	プロジェクタ
b02	カメラ
b03	スクリーン
b04	三脚
b05	充電器
b06	ドラムコード

選択・射影・結合した表

名前	備品名	貸出日
田島壮太	カメラ	20230425
佐藤雅弘	充電器	20230718

```
CREATE TABLE 名簿表 ( 名前コード TEXT , 名前 TEXT ,
PRIMARY KEY   (1)   ) ;
CREATE TABLE 備品表 ( 備品コード TEXT , 備品名 TEXT ,
PRIMARY KEY   (2)   ) ;
CREATE TABLE 貸出表 ( 名前コード TEXT , 備品コード TEXT ,
貸 出 日 INTEGER , FOREIGN KEY   (3)   REFERENCES
  (4)   , FOREIGN KEY   (5)   REFERENCES   (6)   ) ;
```

```
SELECT 名簿表 . 名前 , 備品表 . 備品名 ,   (7)   FROM 名簿表 ,
貸出表 ,   (8)   WHERE 名簿表 . 名前コード  =    (9)   AND
  (10)   = 備品表 . 備品コード   (11)   ( 貸出表 . 貸出日
<=20230430   (12)   貸出表 . 貸出日   (13)   ) ;
```

(1) _____
(2) _____
(3) _____
(4) _____

(5) _____
(6) _____

(7) _____
(8) _____
(9) _____

(10) _____

(11) _____
(12) _____
(13) _____

①データベース ②リレーショナルデータベース ③選択 ④射影 ⑤結合 ⑥主キー ⑦外部キー ⑧リレーションシップ ⑨一対多

10 | 計測・制御システム 教科書 p.142〜p.147

POINT

（① 　　　　）…物理量などを装置を使って測ること。

（② 　　　　）…ある目的に適合するように装置などを操作すること。

（③ 　　　　）…温度，光などの物理量を検知し，電圧などの電気信号に変換する装置。

（④ 　　　　　）…コンピュータが出力した電気信号などを物理的な運動に変換する装置。

（⑤ 　　　　　）…センサなどの外部装置からコンピュータに電気信号を入力する窓口。

（⑥ 　　　　　）…コンピュータからアクチュエータなどの外部装置に電気信号を出力する窓口。

（⑦ 　　　　　）…アナログをデジタルに変換する装置。

（⑧ 　　　　　）…デジタルをアナログに変換する装置。

---

1 **温度センサと AD コンバータ** 図1の特性をもつ温度センサを，図2の特性をもつ AD コンバータが内蔵されたコンピュータのアナログ入力ポートに接続する。温度センサの出力電圧が AD コンバータの入力電圧に等しいものとみなし，以下の説明文の空欄に適切な語句を入れなさい。

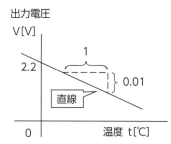

図1 温度センサの特性

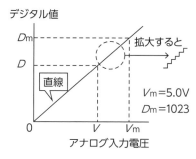

図2 AD コンバータの特性

(1) _____

(2) _____

(3) _____

(4) _____

(5) _____

(6) _____

(7) _____

AD コンバータの入力電圧 V とデジタル値 D の関係は式①のようになる。

V ＝ _(1)_ × D 　　　　①

温度センサの出力電圧 V と温度 t の関係は式②のようになる。

V ＝ _(2)_ × t ＋ _(3)_ 　　②

温度センサの出力電圧と AD コンバータの入力電圧が等しいから，

① ＝ ② より，

t ＝ _(4)_ × D ＋ _(5)_

D が 400 のときの V と t は，

V ≒ _(6)_ [V] 　　　　t ≒ _(7)_ [℃]

!Tips 教科書で使用されているボード型コンピュータは，教科書 p.146 の図 8 のように無線 LAN（Wi-Fi）を利用して，クライアントサーバシステムを構築することができる。

情報システム

2 計測・制御システム　図は教科書 p.145 の図 7 を参考にして構築したクライアントサーバシステムによる計測・制御システムである。室温が 30℃以上の場合に LED を点灯させ，30℃未満の場合に消灯させる処理を device.py で実行させ，その他の処理を sb.py で実行させる。表は処理の流れを説明している。表の中の空欄に適切な語句を入れなさい。

①	dat = pin2 . read_analog() アナログ入力ポート pin2 に供給された 0V ～ 3.3V の電圧を 0 ～ 1023 の整数データに変換して入力データ dat に代入する。
①	val = int(330 ＊ dat / 1023 - 60) 入力データ dat から温度 val を計算する。
②	get_request('http:// (1) /cgi-bin/ (2) ', (3)) URL 形式で指定した Web サーバ内のプログラム device.py に対して，キーが 'sens' で値が str(val) の辞書型データを GET リクエストで送信する。
③	val = param.getvalue((4)) クライアントから②で送信された辞書型データのキー 'sens' から値を取り出し，戻り値として取得し，val に代入する。 val は②で送信された文字列型の温度データになる。 param はクライアントから送信されたデータを取得する働きをする FieldStrage クラスのオブジェクトである。
②	cont = 'ON' または cont = 'OFF' ③で得られた温度 val が 30℃以上ならば cont に 'ON' を代入し，そうでなければ 'OFF' を代入する。
④	print((5)) ②のレスポンスとして cont をクライアントに出力する。
⑤	response = get_request('http:// (1) /cgi-bin/ (2) ', (3)) Web サーバから④で送信されたデータを②の戻り値として取得し，response に代入する。response は 'ON' または 'OFF' になる。
③	r = 1 または r = 0 response が 'ON' ならば r に 1 を，'OFF' ならば 0 を代入する。
⑥	pin0 . write_digital((6)) 二値の整数の出力データ r(0 または 1) を二値の電圧 (0V または 3.3V) に変換してデジタル出力ポート pin0 に出力する。 pin0 が 0V ならば LED は消灯し，3.3V ならば LED は点灯する。

(1) ＿＿＿＿＿＿＿
(2) ＿＿＿＿＿＿＿
(3) ＿＿＿＿＿＿＿

(4) ＿＿＿＿＿＿＿
(5) ＿＿＿＿＿＿＿
(6) ＿＿＿＿＿＿＿

💡ヒント

表の中の①～⑥の番号の説明は，図中の同じ番号の部分で使われているメソッドについて示したものである。なお，①は①と②の間，②は③と④の間，③は⑤と⑥の間で実行される処理について説明したものである。

💡ヒント

「192.168.0.10:80」は Web サーバの IP アドレスが「192.168.0.10」で，ポート番号が「80」であることを表している。

73

p.118 〜 p.119

1 **状態遷移図** 次の動作をするストップウォッチがある。

このストップウォッチの状態遷移図と状態遷移表の空欄に当てはまるものを解答群から選んで答えなさい。

・スタート・ストップボタンとリセットボタンの2つのボタンがある。
・スタート・ストップボタンを押すと計測を開始する。
・計測中にスタート・ストップボタンを押すと計測を一時停止する。
・一時停止中にスタート・ストップボタンを押すと計測を再開する。
・一時停止中にリセットボタンを押すと計測表示をクリアする。
・モードの切り替えボタンはなく，その他の機能はない。

(1) _____
(2) _____
(3) _____
(4) _____
(5) _____
(6) _____
(7) _____
(8) _____
(9) _____
(10) _____
(11) _____
(12) _____
(13) _____
(14) _____
(15) _____
(16) _____

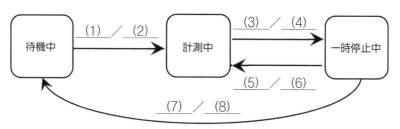

図1 ストップウォッチの状態遷移図

表1 ストップウォッチの状態遷移表

イベント ＼ 状態	待機中	計測中	一時停止中
スタート・ストップボタンを押す	(9)	(11)	(13)
	(10)	(12)	(14)
リセットボタンを押す			(15)
			(16)

<解答群>……………………………………………………………………………

ア．スタート・ストップボタンを押す　イ．リセットボタンを押す

ウ．待機中　エ．計測中　オ．一時停止中　カ．計測開始

キ．計測再開　ク．計測一時停止　ケ．計測表示クリア

2 Web システム・JSON 形式　以下の空欄に適切な語句を入れなさい。

p.132 ～ p.137

図1のようにクライアントから Web サーバにポート番号が 80 のポートを通して接続する。図2のファイル（data.txt）と図4のプログラム（output.py）を図3のように Web サーバ内に配置する。

Web サーバ起動用のプログラム（server.py）を実行したあと，クライアント側で図5のプログラム（input.py）を Python の IDLE などを使って実行させると，図6のような実行画面が表示される。

図1　接続図

図3 ファイル構成

```
{"1":" 伊藤賢治 ","2":" 木村大輔 ","3":" 鈴木美沙 "}
```

図2　data.txt

```
import cgi, sys, io, json
sys.stdout = io.TextIOWrapper(sys.stdout.buffer,
encoding='utf-8')
print('Content-Type: text/html; charset = utf-8¥n¥n')
f = open('cgi-bin/data.txt', mode =   (1)   , encoding
= 'utf-8')
dat = f.read()
f.close()
d = json.loads(dat)
form = cgi.FieldStorage()
n = form.getvalue('key')
if n != None:
    print(   (2)   )
```

図4　output.py

```
import requests
url = 'http://   (3)   /cgi-bin/   (4)   '
while True:
    n = input (' 番号の入力 ')
    if n == '0':
        break
    else:
        param =   (5)
        res = requests.get (url,params =
            param)
        print (   (6)   )
```

図5　input.py

```
番号の入力 1
伊藤賢治
番号の入力 2
木村大輔
番号の入力 3
鈴木美沙
番号の入力 0
>>>
```

図6　実行画面

ヒント

このシステムはキーバリュー型データベースである。

例えば，クライアントから「1」を入力すると，これが Web サーバにリクエストとして送信され，JSON 形式のファイル（data.txt）の中から値を取り出すためのキーになるため，キーの「1」に対応する値の「伊藤賢治」が取り出され，レスポンスとしてクライアントに送り返される。

「0」を入力すると，無限ループ（while True）を抜け出す（break）ことができる。なお，数値の「1」を入力しても，「form.getvalue」で取得した時点で文字列の「"1"」になる。

ヒント

server.py の稼働方法は p.88 ～ p.89 を参照のこと。

(1)	
(2)	
(3)	
(4)	
(5)	
(6)	

Python が使えない場合には，大きな値は丸められて指数表記になることに注意が必要である。

1 RSA 暗号 2 つの素数 P ＝ 61 と Q ＝ 79 で RSA 暗号の公開鍵と秘密鍵を作り，暗号化を行う。この時，次の問いに答えなさい。

(1) 暗号化と復号の両方で使う鍵 N の値を求めなさい。

(2) （P － 1）と（Q － 1）の最小公倍数 L を求めなさい。

(3) ED ＝ nL+1 を満たし，L との最大公約数が 1 となる 2 つの正の整数 E，D の値を次の手順により求め，①〜③に当てはまるものを答えなさい。

ただし，E，D の値は L より小さい値でかつ E ≠ D とする。また，ここでは n=1 とする。

n ＝ 1 とすると　nL ＋ 1 ＝（　①　）
ED ＝①となることから，①の約数が E，D の組になる
ここでは E ＜ D となるように選ぶことにすると
E ＝（　②　）
D ＝（　③　）
となる。ここで求めた E を公開鍵，D を秘密鍵とする。

(4) 次に，文字コードを用いて暗号化する。①〜③に当てはまるものを答えなさい。

「A」という文字の文字コードは 16 進数で 41 である。
これを 10 進数に変換すると，（　①　）になる。この値を平文 M とする。
送信者が平文 M を送信するために，公開鍵 N と E により暗号化する。
平文 M の E 乗の値を素数の積 N で割った余りを求める。
M の E 乗の値は大きくなるので，Python を用いて求める。
　　print（　②　）
これにより，暗号文 C ＝　③　となる。
この値を送信する。

(5) 暗号文 C を受け取った受信者は次のように復号する。①〜③に当てはまるものを答えなさい。

暗号文 C の D 乗を素数の積 N で割った余りを求める。
C の D 乗の値は大きくなるので，Python を用いて求める。
　　print（　①　）
これにより復号文 M' ＝　②　となる。
このように，送信者が公開鍵を用いて暗号化し，受信者だけがもっている秘密鍵を用いて復号する方式を（　③　）という。

2 **RSA 暗号** 次のプログラムは，2 つの素数 P，Q と公開鍵 E があらかじめ与えられた時に，Python で RSA 暗号を作成するものである。次の問いに答えなさい。

```python
import math
P = 61
Q = 79
N = _____①_____
E = 11

def make_secret_key(p, q, e):
    L = math.lcm(p-1, q-1)
    n = 0
    while _____②_____ != 0:
        n = n + 1
    result1 = _____③_____
    return result1


def encrypt(m, n, e):
    result2 = _____④_____
    return result2


def decrypt(c, n, d):
    result3 = _____⑤_____
    return result3


M = 65
D = make_secret_key(P, Q, E)
C = encrypt(M, N, E)
M2 = decrypt(C, N, D)
print(C,M2)
```

(1) 変数 N は暗号化と復号の両方で使う鍵である。プログラム中の①に当てはまるものを答えなさい。

(2) 関数 make_secret_key は，秘密鍵 D が戻り値となる関数である。ED = nL+1 となることから，nL+1 は公開鍵 D で割り切れる。このことを用いて，プログラム中の②，③に当てはまるものを答えなさい。

(3) 関数 encrypt は，平文 M を鍵 N と E により暗号化する関数である。また，関数 decrypt は，暗号文 C を鍵 N と D により復号する関数である。プログラム中の④，⑤に当てはまるものを答えなさい。

(1)①
(2)②
　　③
(3)④
　　⑤

ヒント

プログラム中の math.lcm（仮引数 1，仮引数 2）は，2 つの引数の最小公倍数を求める関数である。

P
J

プロジェクト編

動画の字幕作成 <small>教科書</small> p.152 ～ p.157

1 **動画の字幕作成** 動画を用いて学校の紹介する Web ページを，次の図に示したワイヤーフレームのようになるように作成する。この時，次の問いに答えなさい。

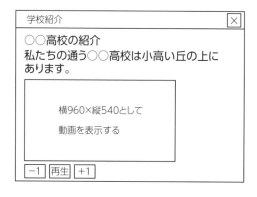

（1）ビデオカメラやスマートフォンなどで紹介したい場所の動画を撮影しなさい。撮影後に，その動画の横×縦の画素数を調べなさい。

（2）上のワイヤーフレームのような Web ページとなるように，空欄をうめて次の HTML を完成しなさい。

```
（略）
<head>
    <meta charset = "utf-8" >
    <  ①  > 学校紹介 </ ① >
（略）
</head>
<body>
    <  ②  > ○○高校の紹介 </ ② >
    <p> 私たちの通う○○高校は小高い丘の上にあります。</p>
    < ③ id ="vd"src = "school.mp4"></ ③ >
    < ④ id ="cv"width = " ⑤ px" height=" ⑥ px"></ ④ >
    <br>
    < ⑦ type="button" value="-1" onclick="skip(-1)">
    < ⑦ type="button" value=" 再生 " onclick="update()"
    id="btn">
    < ⑦ type="button" value="+1" onclick="skip(1)">
（略）
```

ただし，関数 update および関数 skip は教科書 p.155 で定義されたものとする。

左段

p. 150

（1）

_____

_____

💡 **ヒント**

撮影時の設定を確認したり，パソコンに取り込んでファイルのプロパティを確認したりすることで，調べることができる。

（2）①

② _____

③ _____

④ _____

⑤ _____

⑥ _____

⑦ _____

(3) 字幕データを変数 tx に 2 次元配列として代入し，この変数を用いて
表示する。1 つの字幕データとして，開始時刻，終了時刻，x 座標，
y 座標，文字色，輪郭色，フォントサイズ，表示する文字列の順に
プログラム中で与えるものとする。空欄をうめてプログラムを完成
させなさい。ただし，④，⑤は(1)で調べた動画の画像サイズとする。

(3)① _____
② _____
③ _____
④ _____
⑤ _____
⑥ _____
⑦ _____
⑧ _____
⑨ _____
⑩ _____
⑪ _____
⑫ _____

```
var v = document.     ①     ('vd');
var c = document. ① ('cv');
var fps = 30;
var tx = [ [1.0, 2.5, 50, 150, '#0000FF', '#FFFFFF',80,
'○○高校の紹介' ],
          ・・・(同様のデータが続く)・・・
      ];
var ctx = c.     ②     ('2d');
ctx.lineWidth = 5;
setInterval(   ③   , 1000/fps );


function show(){
  ctx.drawImage(v, 0, 0,  ④  ,  ⑤  , 0, 0, 960, 540);
    now = v.currentTime;
    for( var i = 0; i < tx.  ⑥  ; i++ ){
        var start = tx[i][0];
        var end = tx[i][1];
        var x = tx[i][2];
        var y = tx[i][3];
        var col1 = tx[i][4];
        var col2 = tx[i][5];
        var size = tx[i][6];
        var txt = tx[i][7];
        if(  ⑦   <= now && now <=   ⑧   ){
          ctx.fillStyle =   ⑨   ;
          ctx.strokeStyle =   ⑩   ;
          ctx.font =  ⑪  + 'px sans-serif';
          ctx.strokeText(  ⑫   , x, y );
          ctx.fillText( ⑫ , x, y );
        }
    }
}
```

　政府統計ポータルサイトから次のような都道府県ごとの総人口（10万人単位）と65歳以上人口（10万人単位）の統計データを取得する。取得したデータを以下の手順で処理してその特徴を分析しなさい。なお，以下のプログラムでは次のモジュールがすでに読み込まれているものとする。また，データはデータフレーム df として読み込まれているものとする。

	地域	総人口	65歳以上人口
0	北海道	52.50	16.73
1	青森県	12.46	4.15
2	岩手県	12.27	4.06
3	宮城県	23.06	6.52
4	秋田県	9.66	3.59
5	山形県	10.78	3.60
6	福島県	18.46	5.82
7	茨城県	28.60	8.43
8	栃木県	19.34	5.54
9	群馬県	19.42	5.80

```
import pandas as pd
import matplotlib.pyplot as plt
import japanize_matplotlib
```

1 ヒストグラムの描画 　次のプログラムは，総人口と65歳以上人口の統計データを元に都道府県ごとの高齢化率（百分率）を計算し，次のような都道府県ごとの高齢化率のヒストグラムを描画する。プログラム中の空欄①〜④に当てはまるものを答えなさい。なお，階級の数は15とする。

```
df[' 高齢化率 '] = ___①___
plt.xlabel(' 高齢化率 ')
plt.__②__ ( __③__ ,bins= __④__ )
plt.show()
```

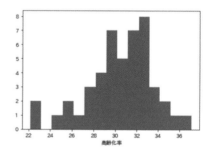

2 記述統計量の計算 　次のプログラムは，それぞれ高齢化率の記述統計量，高齢化率の平均と偏差の値，を出力するものである。プログラム中の空欄①〜③に当てはまるものを答えなさい。

プログラム1
```
df. ___①___
```

プログラム2
```
print(df[' 高齢化率 '].__②__ )
print(df[' 高齢化率 '].__③__ )
```

	総人口	65歳以上人口	高齢化率
count	47.000000	47.000000	47.000000
mean	26.844043	7.635319	30.497617
std	27.797197	6.876732	3.053056
min	5.560000	1.780000	22.161046
25%	10.755000	3.415000	29.129678
50%	16.020000	5.120000	30.826141
75%	26.935000	7.880000	32.509328
max	139.210000	32.090000	37.163561

p.158 〜 p.161
①
②
③
④

①
②
③

3　データの条件抽出　次のプログラムは，総人口が都道府県全体の平均値以上かつ高齢化率が都道府県全体の平均値以下のデータを抽出するものである。プログラム中の空欄①～②に当てはまるものを答えなさい。

```
df[( ___①___ ) & ( ___②___ )]
```

4　データの並べ替え　次のプログラムは，データを高齢化率の値で降順に並べ替えた次のようなデータフレームを作成するものである。
プログラム中の空欄①～③に当てはまるものを答えなさい。また，④～⑤の行が実行された時に表示される都道府県名を答えなさい。

```
sorted_df =
    df. ①  ( ② ,
    ascending= ③  )
print (sorted_df[0:1] ['地域']) #  ④
print (sorted_df[5:6] ['地域']) #  ⑤
```

	地域	総人口	65歳以上人口	高齢化率
4	秋田県	9.66	3.59	37.163561
38	高知県	6.98	2.46	35.243553
34	山口県	13.58	4.66	34.315169
31	島根県	6.74	2.31	34.272997
35	徳島県	7.28	2.45	33.653846
5	山形県	10.78	3.60	33.395176
1	青森県	12.46	4.15	33.306581
2	岩手県	12.27	4.06	33.088835
29	和歌山県	9.25	3.06	33.081081

5　散布図の描画　次のプログラムは，総人口と高齢化率の値の関係を次のような散布図として描画するものである。プログラム中の空欄①～③に当てはまるものを答えなさい。なお，scatter 関数の引数 s に与えた列の値に従って散布図の点の大きさが決定される。

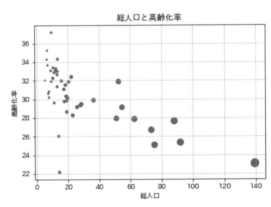

総人口と高齢化率

```
plt. ___①___ ( ___②___ , ___③___ , s= ___②___ )
plt.title('総人口と高齢化率')
plt.xlabel('総人口')
plt.ylabel('高齢化率')
plt.grid(True)
plt.show()
```

① _____
② _____
（①と②は順不同）

① _____
② _____
③ _____
④ _____
⑤ _____

① _____
② _____
③ _____

地域別統計データの回帰分析 教科書 p.162〜p.169

p.80 PJ03 **2** で作成した次のような都道府県ごとの総人口（10万人単位），65歳以上人口（10万人単位），高齢化率のデータについて，総人口から高齢化率を回帰分析することを考える。以下の手順で分析しなさい。なお，以下のプログラムでは次のモジュールがすでに読み込ま

	総人口	65歳以上人口	高齢化率
count	47.000000	47.000000	47.000000
mean	26.844043	7.635319	30.497617
std	27.797197	6.876732	3.053056
min	5.560000	1.780000	22.161046
25%	10.755000	3.415000	29.129678
50%	16.020000	5.120000	30.826141
75%	26.935000	7.880000	32.509328
max	139.210000	32.090000	37.163561

れているものとする。また，データはデータフレーム df として読み込まれているものとする。

```
import pandas as pd
import matplotlib.pyplot as plt
import japanize_matplotlib
import numpy as np
from sklearn.linear_model import LinearRegression
from sklearn.preprocessing import PolynomialFeatures
```

1 外れ値の処理　次のプログラムは，四分位範囲に基づく判定により，データフレームの総人口，高齢化率の各列について，外れ値を含む行を削除するものである。プログラム中の空欄①〜⑤に当てはまるものを答えなさい。

```
for c in [' 総人口 ',' 高齢化率 ']:
    q1 = df[c].  ①  (0.25)
    q3 = df[c].  ①  (0.75)
    iqr =   ②
    lower = q1 - iqr * 1.5
    upper = q3 + iqr * 1.5
    df.  ③  [(  ④  ) | (  ⑤  ), c] = None
df = df.dropna()
```

① _____
② _____
③ _____
④ _____
⑤ _____
（④と⑤は順不同）

外れ値を処理した後，総人口と高齢化率の値の関係を表す散布図は次のようになる。また，総人口と高齢化率の相関係数は -0.56 となる。

	総人口	65歳以上人口	高齢化率
総人口	1.000000	0.994865	-0.560631
65歳以上人口	0.994865	1.000000	-0.489372
高齢化率	-0.560631	-0.489372	1.000000

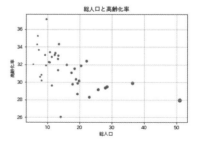

総人口と高齢化率

2 **単回帰モデルの学習** 次のプログラムは，**1**で処理したデータについて，総人口から高齢化率を回帰する単回帰モデルを学習するものである。プログラム中の空欄①〜④に当てはまるものを答えなさい。なお，X と y はそれぞれ，NumPy の 2 次元配列，1 次元配列である。

① _____
② _____
③ _____
④ _____

```
X = df[[  ①  ]].values
y = df[  ②  ].values
model1 =   ③  ()
model1.  ④  (X, y)
```

3 **多項式回帰モデルの学習** 次のプログラムは，**1**で処理したデータについて，総人口から高齢化率を回帰する多項式回帰モデルを学習するものである。プログラム中の空欄①〜④に当てはまるものを答えなさい。なお，多項式の次数は 4 次とする。

```
poly =   ①  (degree=  ②  , include_bias = False)
poly_X = poly.  ③  (X)
model2 = LinearRegression (normalize = True)
model2.  ④  (poly_X, y)
```

① _____
② _____
③ _____
④ _____

4 **回帰直線・曲線の描画** 次のプログラムは，**2**と**3**で学習した単回帰モデルと多項式回帰モデルをそれぞれ次のような直線と曲線として**1**の散布図に重ねて描画するものである。プログラム中の空欄①〜②に当てはまるものを答えなさい。なお，X_point は直線と曲線の描画用の入力であり，NumPy の 2 次元配列である。

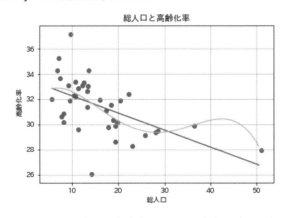

総人口と高齢化率

```
X_point = np.arange(np.min(X), np.max(X), 1).reshape(-1,1)
y_point1 = model1.  ①  (X_point)
y_point2 = model2.  ①  (poly.  ②  (X_point))
plt.plot(X_point, y_point1, color='red')
plt.plot(X_point, y_point2, color='orange')
plt.show()
```

① _____
② _____

p.170 〜 p.177

scikit-learn の手書き数字データセット digits には手書き数字の画像と対応するラベルが含まれている。データセットを用いて入力となる手書き数字画像を 0 から 9 のいずれかの数字に分類するモデルを学習した上で，学習したモデルの認識誤りを分析することを考える。以下の手順で分析を行なってみなさい。なお，以下のプログラムでは，次のモジュールがすでに読み込まれているものとする。

```
import matplotlib.pyplot as plt
import numpy as np
from sklearn.linear_model import LogisticRegression
from sklearn import datasets
from sklearn.model_selection import train_test_split
from sklearn.metrics import classification_report
```

1 モデルの学習 次のプログラムは，データセットを訓練データとテストデータに分割し，訓練データをもとに手書き数字画像を分類するモデルを学習し，テストデータをもとに次のようにモデルを評価するものである。プログラム中の空欄①〜⑦に当

	precision	recall	f1-score	supp
0	1.00	0.98	0.99	54
1	0.84	0.95	0.89	55
2	1.00	0.94	0.97	53
3	0.91	0.93	0.92	55
4	0.98	0.93	0.95	54
5	0.93	1.00	0.96	55
6	1.00	1.00	1.00	54
7	1.00	0.94	0.97	54
8	0.87	0.87	0.87	52
9	0.94	0.91	0.92	54

てはまるものを答えなさい。なお，変数 pred_prob は，テストデータの各手書き数字画像のラベルごとの予測確率を保持する 2 次元配列である。

① ② ③ ④ ⑤ ⑥ ⑦
（⑥と⑦は順不同）

```
# データセットのロード
digits = datasets.load_digits()
X = digits.data
y = digits.target

# モデルの学習
X_train, X_test, y_train, y_test = ① (X, y,
test_size = 0.3, random_state = 0, stratify = y)
model = ② (solver = 'liblinear')
model. ③ (X_train, y_train)
y_pred = model. ④ (X_test)
pred_prob = model. ⑤ (X_test)
print(classification_report( ⑥ , ⑦ ))
```

2 **認識誤りの検証** 次のプログラムは，学習したモデルで手書き数字画像を認識した時に，認識が誤ったテストデータのサンプルを検証するものである。モデルが認識を誤った際，プログラムでは，次のように，その手書き数字画像の真のラベル，予測されたラベル，ラベルごとの予測確率，手書き数字画像，をそれぞれ出力する。プログラム中の空欄①〜⑦に当てはまるものを答えなさい。

真のラベル: 8
予測されたラベル: 5
数字0の確率(%): 0.00
数字1の確率(%): 0.18
数字2の確率(%): 0.00
数字3の確率(%): 0.00
数字4の確率(%): 0.00
数字5の確率(%): 66.29
数字6の確率(%): 0.40
数字7の確率(%): 0.00
数字8の確率(%): 33.12
数字9の確率(%): 0.00

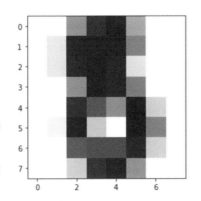

真のラベル: 2
予測されたラベル: 1
数字0の確率(%): 0.00
数字1の確率(%): 48.93
数字2の確率(%): 48.39
数字3の確率(%): 0.00
数字4の確率(%): 0.01
数字5の確率(%): 0.00
数字6の確率(%): 0.00
数字7の確率(%): 0.00
数字8の確率(%): 2.67
数字9の確率(%): 0.00

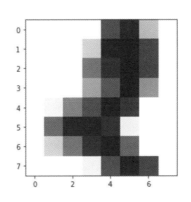

```
for i in range(len(y_test)):
    if   ①   :
        print(' 真のラベル : ',   ②   )
        print(' 予測されたラベル : ',   ③   )
        for j, prob in enumerate(   ④   ):
            print(' 数字 ' + str(j) + ' の確率 (%): '  +
            '{:.2f}'.format(prob * 100))
        image =    ⑤   .reshape( ⑥ , ⑦ )
        plt.imshow(image, cmap = 'gray_r')
        plt.show()
```

① _____
② _____
③ _____
④ _____
⑤ _____
⑥ _____
⑦ _____

p.178 〜 p.183

　次のような都道府県ごとの家計食料消費のデータをもとに，都道府県のクラスタリングを行うことを考える。以下の手順で分析を行ってみなさい。

	都道府県	穀類	魚介類	肉類	乳卵類	野菜	果物	調味料	菓子類	調理食品	飲料	酒類	外食
0	北海道	82676	84409	88924	43623	109625	40236	42187	87897	98189	55654	56700	149627
1	青森県	73381	91038	85124	41247	110936	39627	42268	79745	115090	59434	54721	104675
2	岩手県	80606	78745	78211	52656	119016	43401	48429	88573	119747	59845	51482	129824
3	宮城県	73349	89873	86429	50265	125021	44687	44471	91333	123489	58714	45245	135154
4	秋田県	67703	84524	82274	43579	121980	44522	43840	83968	109129	51428	57364	119820
5	山形県	79164	76106	95707	48068	118732	48115	45693	92218	123825	56930	46220	152277
6	福島県	73338	75749	75756	48274	110874	48636	43528	91214	130249	60886	46851	132364
7	茨城県	69248	69757	77791	49493	103480	41936	41870	92557	127164	65712	32928	152788
8	栃木県	76447	72040	83666	48497	113922	40758	46445	87975	132698	62921	42915	156406
9	群馬県	80830	71223	72091	45688	108225	43550	43634	86712	132467	65828	37111	146918

　なお，以下のプログラムでは次のモジュールがすでに読み込まれているものとする。また，データはデータフレーム df として読み込まれているものとする。

```
from scipy.cluster.hierarchy import linkage, ¥
dendrogram, set_link_color_palette
from sklearn.cluster import KMeans
import pandas as pd
import numpy as np
import matplotlib.pyplot as plt
import japanize_matplotlib
import japanmap as jm
```

1 **データの標準化**　次のプログラムは，データの各食料消費の値の分布が平均 0，標準偏差 1 となるように前処理を行うものである。プログラム中の空欄①〜③に当てはまるものを答えなさい。なお，プログラム中の変数 X は NumPy の 2 次元配列である。

① _____

② _____

③ _____

```
X = df[['穀類', '魚介類', '肉類', '乳卵類', '野菜', '果物',
'調味料', '菓子類', '調理食品', '飲料', '酒類', '外食']]. ①
X = (X-np. ② (X, axis=0))/np. ③ (X, axis=0)
```

2 階層化クラスタリング 次のプログラムは，クラスタ間距離のしきい値を3.8として都道府県を8つのクラスタに分割し，その結果を次のようなデンドログラムとして可視化するものである。

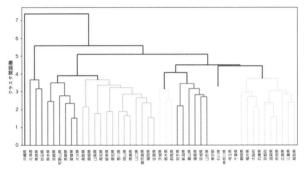

プログラム中の空欄①～④に当てはまるものを答えなさい。なお，クラスタ併合方法に群平均法を用いる。

```
clusters =    ①    (X, metric = 'euclidean', method =    ②    )
set_link_color_palette(['red', 'green', 'orange', 'cyan',
'magenta', 'yellow', 'pink'])
    ③    (clusters, labels=df[' 都道府県 '].values,
color_threshold=    ④    )
plt.ylabel(' クラスタ間距離 ')
plt.show()
```

①
②
③
④

3 KMeans 法 次のプログラムは，都道府県を8つのクラスタに分割し，その結果を次のようにクラスタごとに異なる色で各都道府県を彩色した地図として可視化するものである。プログラム中の空欄①～⑥に当てはまるものを答えなさい。

```
model =    ①    (n_clusters =    ②    , random_state = 0)
model.    ③    (X)
df['cluster'] = model.    ④    (X)
colors = {0:'red', 1:'green', 2:'orange', 3:'cyan', 4:'magenta',
5:'yellow', 6:'pink', 7:'blue'}
pref_color = {}
for i in range(len(df)):
    pref_color[df.    ⑤    [i, ' 都道府県 ']] = ¥
    colors[df.    ⑤    [i, 'cluster']]
image = jm.picture(pref_color)
plt.    ⑥    (image)
plt.axis('off')
plt.show()
```

①
②
③
④
⑤
⑥

プロジェクト編

PJ07 | 電子掲示板システム 教科書 p.184～p.189

p.184～p.189

ヒント

図1は，左の列から
それぞれ，プロトコル，
ローカルアドレス，外
部アドレス，状態，
PID（OSが使用する
識別番号）を表してい
る。

ヒント

バッチファイルはメモ
帳などのテキストエデ
ィタで作成し，文字コ
ードを「ANSI」に，拡張
子を「bat」に変更して
ファイル名を「server.
bat」にして保存する。
メモ帳でserver.bat
を開く場合は，ファイ
ルの種類を「テキスト
文書（＊.txt）」から「す
べてのファイル（＊.＊）」
に変更して開く。

1 **サーバ起動用プログラム（server.py）の準備**　サーバ起動用プログラ
ム（教科書p.125 図7）について，以下の調査や操作を行う。

(1) **ポート番号80の使用の有無**　server.pyを起動しない状態で，コマ
ンドプロンプトを起動し，以下のコマンドを入力する。

　このコマンドはポート番号80を使用しているアプリケーションの
使用状況を調べることができる。

```
netstat -nao | findstr 80
```

　ここで図1のように左から2列目のローカルアドレスのコロン「:」
の後が「80」になっているものがある場合は，ポート番号80を使用
しているアプリケーションがすでに存在していることを表している。
このようなものがない場合は，server.pyの中のポート番号に80を
使用することができる。

```
C:¥Users¥xxxxx>netstat -nao | findstr 80
TCP       0.0.0.0:80       0.0.0.0:0          LISTENING    3348
TCP       0.0.0.0:1880     0.0.0.0:0          LISTENING    5280
TCP       192.168.0.10:55207   xx.xxx.xxx.xx:80   CLOSE_WAIT   13160
TCP       192.168.0.10:55226   xx.xxx.xxx.xx:80   TIME_WAIT    0
```

図1　netstatコマンドの例（ポート番号80が使われている場合）

(2) **server.pyの作成（ポート番号の設定）**　上記(1)でポート番号の80
が使われているアプリケーションがない場合は，IDLEなどを使って
server.py（教科書p.125 図7のWebサーバ起動用プログラム）の
2行目の「ポート番号」の部分に80を入力してserver.pyを作成す
る。

　80が使われている場合は，8000や8080など別の値を入力するか，
ポート番号80を使用している他のアプリケーションを停止する。

2 **自動実行ファイル（server.bat）の作成**　教科書の裏見返し4～6ペー
ジの6を参考にしてserver.pyを起動するための自動実行ファイル
（server.bat）を作成する。

　PythonまたはAnocondaをインストールする際に，パスの設定（パ
スを通す）をした場合は，図2の自動実行ファイル（server.bat）を作
成する。

　パスの設定をしないでインストールした場合は，Pythonの実行ファ
イル（python.exe）の場所（パス名）を調べることができる図3のプ
ログラム（search.py）をIDLEで実行して，表示されるパス名を図4
のⒶの部分に入力してserver.batを作成する。

python.exe server.py	import sys print(sys.exec_prefix)	Ⓐ ¥python.exe server.py
図2　server.bat （パスの設定をした場合）	図3　search.py	図4　server.bat （パスの設定をしなかった場合）

3 **Web サーバの IP アドレスの調査**　Web サーバの IP アドレスを調査し，下の空欄に記入する。なお，Web サーバは Python がインストールされていて，server.py を搭載するコンピュータである。IP アドレスはコマンドプロンプトを起動し，「ipconfig」というコマンドを入力することで表示される「IPv4 アドレス」である。

　　　Web サーバの IP アドレス（　　　　　　　　　　　　　　　　　　　　）

4 **テストプログラム（test.py）の作成**　IDLE などを使って Web サーバの動作確認のためのテストプログラム（test.py）を作成する。

```
import sys,io
sys.stdout =
 io.TextIOWrapper(sys.stdout.buffer, encoding='utf-8')
print('Content-Type: text/html\n')
print('<!DOCTYPE html><html lang="ja">')
print('<head><meta charset="UTF-8"></head>')
print('<body><h1>Webサーバの動作確認</h1></body></html>')
```

図 5　test.py（Web サーバの動作確認プログラム）

5 **Web サーバの動作確認**　server.py が正常に動作するかを確認する。

(1) 上記で作成した server.py と server.bat，test.py を図 6 のように配置する。

(2) server.bat をダブルクリックすると server.py が実行される。

(3) 同じ LAN 内にある別のコンピュータ（クライアント）の Web ブラウザのアドレス欄に「http://Web サーバの IP アドレス : ポート番号 /cgi-bin/test.py」を入力する。正常に動作すれば，Web ブラウザに「Web サーバの動作確認」が表示される。

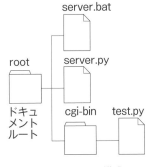

図 6　ファイル構成

6 **電子掲示板システムの稼働**　電子掲示板システムを稼働する。

(1) 教科書 p.185 ～ p.187 の bbs.py を図 7 のように配置する。

(2) server.bat をダブルクリックする。

(3) 同じ LAN 内にある別のコンピュータ（クライアント）の Web ブラウザのアドレス欄に「http://Web サーバの IP アドレス : ポート番号 /cgi-bin/bbs.py」を入力する。

(4) クライアントからメッセージを投稿する。

(5) bbs.txt をメモ帳で開き，中身を確認する。

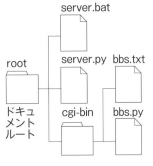

図 7　ファイル構成

ヒント

コマンドプロンプトの起動は，PC の画面左下にある検索ボックスに「コマンドプロンプト」と入力する。Web サーバの IP アドレスは下記の 5 (3)，6 (3) で使用する。

ヒント

ポート番号が 80 の場合は「Web サーバの IP アドレス : ポート番号」は，「Web サーバの IP アドレス」とすることができる。また，ローカルホストの場合は「localhost」にする。server.py の終了は Ctrl キー＋ C キーを入力する。server.bat の終了は「y」を入力する。

ヒント

bbs.txt は最初の投稿時に自動的に作成される。

ヒント

server.bat 起動時に，Defender Smart Screen が開く場合は，「詳細情報」，「実行」の順にクリックする。

プロジェクト編
PJ08 | データベースシステム （教科書）p.190 ～ p.193

p.190 ～ p.193

server.py の稼働方法
は p.88 ～ p.89 を 参
照のこと。

Web サーバの IP アド
レ ス は, p.89 の 「3
Web サーバの IP アド
レスの調査」 に示され
た方法にしたがって調
査する。

bbs.db は最初の投稿
時に自動的に作成され
る。

1 **Web サーバの準備** 前項の PJ07 電子掲示板システム（p.88 ～ p.89）の「1 サーバ起動用プログラム（server.py）の準備」,「2 自動実行ファイル（server.bat）の作成」,「3 Web サーバの IP アドレスの調査」,「4 テストプログラムの作成」,「5 Web サーバの動作確認」の各項目に示された操作を順に実施し, Web サーバが正常に動作するかを確認する。

2 **データベースシステムの稼働** 以下の手順に従って, データベースシステムを稼働する。

(1) 上記の課題 1 で使用した server.py と server.bat, および 教 科 書 p.191 ～ p.192 の bbs2.py を図 1 のように配置する。

(2) server.bat をダブルクリックして Web サーバを稼働する。

(3) 同じ LAN 内にある別のコンピュータ（クライアント）の Web ブラウザのアドレス欄に「http://Web サーバの IP アドレス：ポート番号 /cgi-bin/bbs2.py」を入力する。

(4) クライアントからメッセージを投稿する。

(5) 投稿されたメッセージは bbs.db に保存される。

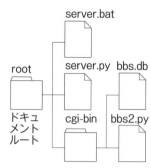

図1　ファイル構成

3 **sqlite3.exe の準備** 以下の手順に従って, sqlite3.exe を使って bbs.db の中身を確認する。なお, sqlite3.exe はコマンドライン（コマンドプロンプト）で使用するリレーショナルデータベース管理システムであり, bbs2.py の中に使われている sqlite3 モジュール（教科書 p.191 の図 2）とは別物である。

(1) 以下のサイトに接続する。

```
https://www.sqlite.org/download.html
```

(2) 以下のファイルをダウンロードする。なお,「xxxxxxx」の部分はバージョン番号であるため, ダウンロードした時点で異なる場合がある。

```
qlite-tools-win32-x86-xxxxxxx.zip
```

(3) zip 形式のファイルを伸張する。

(4) 伸張するとフォルダが作成され, その中に複数のファイルが現れる。その中に入っている sqlite3.exe を bbs.db が入っているフォルダに移動する。なお, sqlite3.exe 以外のファイルは, 本実習においては不要である。

4 **bbs.db の中身の確認**　sqlite3.exe をダブルクリックして SQLite3 を起動し，bbs.db の中身を確認する。

教科書 p.139 を参考にして表 1 のコマンドを入力すると，図 2 のようになる。なお，「sqlite>」は入力促進記号であるため，入力しない。また，SQLite3 の終了は Ctrl キー＋ C キーを押す。

```
SQLite version 3.35.5 2021-04-19 18:32:05
Enter ".help" for usage hints.
Connected to a transient in-memory database.
Use ".open FILENAME" to reopen on a persistent database.
sqlite> .open bbs.db
sqlite> .headers ON
sqlite> SELECT * FROM bbstable;
id|t|ip|name|words
1|2021/09/22 20:17:46|192.168.0.7|佐藤大輔|おはよう
2|2021/09/22 20:18:09|192.168.0.5|鈴木美穂|みなさん
3|2021/09/22 20:18:37|192.168.0.3|田中直樹|それでは
sqlite>
```

図 2　sqlite3.exe による bbs.db の操作

表 1　使用するコマンドとその機能

コマンド	機能
.open bbs.db	データベースファイル bbs.db を開くための SQLite3 のコマンド
.headers ON	列名を表示するための SQLite3 のコマンド
SELECT ＊ FROM bbstable;	表名 bbstable のすべての列（＊）を抽出して表示する SQL コマンド

(1) 列名の確認

「.headers ON」コマンドにより，「id｜t｜ip｜name｜words」の列名が表示されていることを確認する。なお，「｜」は列名と隣の列名の間の区切り記号である。

(2) 投稿データの確認

投稿されたデータが表示されていることを確認する。

ヒント

sqlite3.exe を起動すると，「Connected to a transient in-memory database.」と表示される。これは，一時的なインメモリデータベースに接続されているというメッセージであり，データベースの作成をせずに一時的なデータベースに接続されている状態であるため，特に問題はない。

ヒント

「.open bbs.db」コマンドは，bbs.db が存在しない場合には bbs.db が新規に作成され，bbs.db が存在する場合には bbs.db が開く。

ヒント

sqlite3.exe 起動時に，Defender Smart Screen が開く場合は，「詳細情報」，「実行」の順にクリックする。

p.194 ～ p.199

ヒント

ブレッドボードとジャンパ線を用いることではんだ付けが不要になる。

ヒント

プログラムは PC を使って作成し，図 1（左）のように USB ケーブルを接続してボード型コンピュータ内のフラッシュメモリに転送する。転送後，ボード型コンピュータは図 1（右）の電池駆動または図 1（左）の USB 給電で動作させる。

ヒント

Wi-Fi(無線 LAN)接続機能を有したボード型コンピュータや温度センサ，抵抗はそれぞれ以下のものを使用する。
・ボード型コンピュータ
（株）アーテック
Studuino:bit
・温度センサ
Texas Instruments
LM61BIZ
・抵抗
LED に電流が流れ過ぎないようにするために使用する。
数 100 Ω ～ 1k Ω 程度のもの。

1 **ボード型コンピュータの準備**　以下の説明にしたがって，図 1 のようにボード型コンピュータに温度センサと LED を接続する。

(1) 図 2 の回路図にしたがって，ブレッドボード（図 3）に温度センサ（図 5）と LED（図 6），抵抗（図 7 上）を取り付ける。なお，ブレッドボードの縦方向に並ぶ 5 個の穴は，内部で電気的に導通している。

(2) ボード型コンピュータの端子（図 4）に装着した拡張コネクタ（図 1）とブレッドボードをジャンパ線（図 7 下）を使って接続する。

なお，図 4 の「0」，「1」，「2」，「3V」「GND」は端子記号を表しており，これらを図 3 の同じ記号の部分に拡張コネクタを介してジャンパ線を使って接続する。

(3) ボード型コンピュータには電源を供給しない状態で回路を組み立てる。

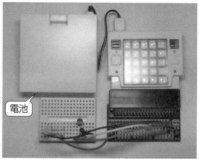

図1　接続例（左：プログラム書き込み時，右：実行時）

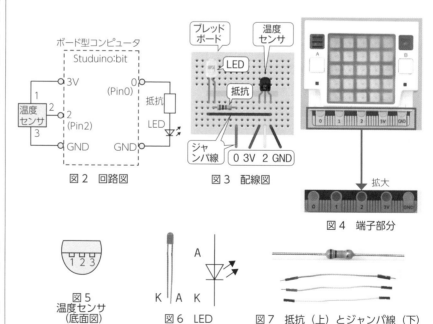

図2　回路図　　図3　配線図　　図4　端子部分

図5
温度センサ
（底面図）　　図6　LED　　図7　抵抗（上）とジャンパ線（下）

2 **Wi-Fi 接続**　教科書 p.194 の図 1 のように無線 LAN（Wi-Fi）機能を有したボード型コンピュータを無線 LAN アクセスポイントに接続するために，表 1 の wifi_config と wifi_ifconfig 関数の引数の値を調査し，同表の空欄に記入する。これらの引数の意味は教科書 p.146 の表 2 に示されている。

サブネットマスクやデフォルトゲートウェイ，DNS サーバの各アドレスは，ボード型コンピュータを接続する LAN 内にある任意の PC から起動した図 8 の画面で確認する。また，SSID やパスワードは使用する無線 LAN アクセスポイントに設定されているものを記入する。

表 1 の IP アドレスは，ボード型コンピュータに割り当てる IP アドレスであり，教科書 p.194 の図 1 の PC1 ～ PC3 と同じセグメントになるように，LAN 内で未使用の IP アドレスを割り当てる。例えば，192.168.0.5，192.168.0.8，192.168.0.10 のように，4 つに区切られた IP アドレスの左から 3 つ目までの数字を統一することでセグメントを一致させることができる。

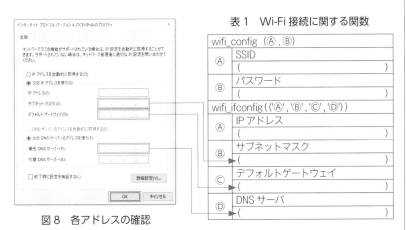

図 8　各アドレスの確認

表 1　Wi-Fi 接続に関する関数

wifi_config（Ⓐ, Ⓑ）		
Ⓐ	SSID	
	(	)
Ⓑ	パスワード	
	(	)
wifi_ifconfig（('Ⓐ', 'Ⓑ', 'Ⓒ', 'Ⓓ')）		
Ⓐ	IP アドレス	
	(	)
Ⓑ	サブネットマスク	
	(	)
Ⓒ	デフォルトゲートウェイ	
	(	)
Ⓓ	DNS サーバ	
	(	)

3 **Web サーバの IP アドレスの調査**　p.89 の**3**を参考にして，教科書 p.194 の図 1 の Web サーバの IP アドレスを調査し，下の空欄に記入する。

Web サーバの IP アドレス：(　　　　　　　　　　　　　　)

4 **プログラムの作成と実行**　以下の操作を行う。

(1) 上記 2 と 3 で調査した値を教科書 p.196 の図 3 の⑤，⑦，⑧に設定し，ボード型コンピュータの開発環境である Mu エディタで図 3 のプログラムを作成し，ボード型コンピュータに USB ケーブルを使って転送する。

(2) 教科書 p.197 ～ p.198 の図 4 ～図 6 のプログラムを IDLE などで作成し，教科書 p.195 の側注❷のように配置する。server.py を稼働し，クライアントの Web ブラウザから温度の計測や LED の ON・FFF 制御を行う。

P J

プロジェクト編

p.194 ～ 199

ヒント
ルータ機能が付いた Wi-Fi ルータを使用する場合は，ルータ機能を無効にしてアクセスポイントモードにしておく。

ヒント
図 8 の画面を表示するには，LAN 内にある任意の PC を起動し，スタートボタン＞設定＞ネットワークとインターネット＞イーサーネット＞ネットワークと共有センター＞イーサーネット＞プロパティ＞インターネットプロトコルバージョン 4(TCP/IPv4)＞プロパティの順にクリックする。

ヒント
図 8 の画面で「IP アドレスを自動的に取得する」が選択されている場合(DHCP と呼ぶ)は，表 1 の wifi_ifconfig の引数は記入せず，教科書 p.196 の図 3 の⑦の wifi_ifconfig は削除する。

ヒント
server.py の稼働方法は p.88 ～ p.89 を参照のこと。

1 **炎上と誹謗・中傷** 炎上に関して以下の文献を調べる。

> 山口真一, 田中辰雄：ネット炎上の研究, 勁草書房, 2016.
> 山口真一：実証分析による炎上の実態と炎上加担者属性の検証, 情報通信学会誌, Vol.33 No.2 (2015), pp.53-65.

これらの文献では, 以下の点に関してどのように分析しているか。

(1) 企業（法人）, 著名人, 一般人のうち, いずれを対象とする炎上が最も多く発生しているか。

(2) 炎上加担者（炎上に加担している人）は多いか, 少ないか。

(3) 炎上加担者はインターネットのヘビーユーザであるといえるか。

(4) 炎上加担者の年収は少ないといえるか。

(5) 炎上加担者はインターネット上で避難しあってよいと考えているか。

炎上しているかどうかに関わらず, インターネット上の誹謗・中傷は, 上記の(1)〜(5)のどの観点が関係しているか。___(6)___

インターネット上の誹謗・中傷に対応するため, 総務省では2020年9月に以下の4項目から成る「政策パッケージ」を公表している。

1. ユーザに対する情報モラル及びICTリテラシーの向上のための啓発活動

2. プラットフォーム事業者の自主的取組の支援と透明性・アカウンタビリティの向上

3. 発信者情報開示に関する取組

4. 相談対応の充実に向けた連携と体制整備

また, 法務省は2021年9月の時点で, インターネット上の誹謗・中傷の対策を強化するために, 刑法の侮辱罪の法定刑を見直して, 懲役刑を導入する方針を固めた。

インターネット上の誹謗・中傷に対する政府の政策について議論してみよう。また, 上に掲げた政府の政策以外に, インターネット上の誹謗・中傷を防ぐ方法について議論してみよう。

以上の議論をもとに, 最も身近な問題として, インターネット上のいじめについて考えよう。

(1)

(2)

(3)

(4)

(5)

(6)

2 **著作権と人工知能**　著作権法は，人工知能の普及に限らず技術の革新や社会の変化にしたがって，改正が継続して行われている。以下の改正は，平成 30 年の通常の改正，平成 30 年の TPP による改正，令和 2 年の改正，令和 3 年の改正のいずれによるものか。

(1) 著作物の教育のための利用が，データ送信においても可能になった。

(2) 著作物の保護期間が，著作者の死後もしくは著作物の公表後 70 年になった。

(3) 著作権等侵害罪の一部が非親告罪化された。

(4) すべての著作物に対して，違法にインターネット上に掲載された著作物（侵害コンテンツ）のダウンロードが違法になった。

(5) 国会図書館が利用者に対して直接にデータ送信できるようになった。

これら以後の著作権改正についても調べよう。

人工知能と著作権に関して，以下の観点から議論してみよう。

1． 人工知能自体の著作権
2． 人工知能が作り出した創作物の著作権
3． 人工知能が利用した学習データの著作権

　特に 2 番目の観点の根底には，人工知能やロボットに権利を与えることができるか，という問題がある。さらに，人工知能やロボットに人権はあるか，という根源的な問題にたどり着く。
　もう少し身近な問題として，愛護動物を虐待することが禁じられているのと同様に，人工知能やロボットを虐待することは禁じるべきか，という問題が考えられる。議論してみよう。

(1) _____

(2) _____

(3) _____

(4) _____

(5) _____

3 **マイナンバー**　マイナンバー法が成立したのは平成 25 年（2013 年）である。2021 年 5 月の時点で，マイナンバーカードの交付率は 30％となった。政府は 2023 年 3 月までに全住民への普及を目指しているが，現在，マイナンバーカードの交付率はどうなっているか。インターネットなどで調べて小数点以下を四捨五入して％で答えなさい。
　マイナンバーカードの交付率が高くならない理由は何だろうか。
　また，マイナンバー制度を拡充するために，マイナンバーと銀行口座の紐づけの義務化が検討されたが，義務化は見送られている。どのような反対意見があったか，調べてみよう。
　また，現時点でマイナンバーと銀行口座の紐づけの制度はどのようになっているか。

約　　　　％

[〔(情Ⅱ 702)情報Ⅱ〕準拠
情報Ⅱ 学習ノート

表紙デザイン
鈴木美里

●編　者──実教出版編修部

●発行者──小田良次

●印刷所──共同印刷株式会社

●発行所──実教出版株式会社

〒102-8377
東京都千代田区五番町5
電話〈営業〉(03)3238-7777
　　〈編修〉(03)3238-7785
　　〈総務〉(03)3238-7700
https://www.jikkyo.co.jp/

002402023

ISBN 978-4-407-35601-4

情　報　Ⅱ
学習ノート

実教出版

第1章 情報社会

01 情報社会の進展 (p.2)

1 (1) コ (2) カ (3) ア (4) ス
(5) オ (6) イ (7) セ (8) ケ
(9) シ (10) エ

2 (1) IoT (2) ロボット
(3) 機械学習 (4) ドローン

《解説》(1)体温や心拍数をセンサで測定でき，インターネットを介してデータを集めることができる。
(2)人型のロボットが動くことにより愛着を感じさせたり，スマートスピーカやAIによる音声認識で会話をすることができることにより介護補助を行える。
(3)タクシーの乗車データを機械学習することにより分析して，乗客がいそうな場所を予測できる。
(4)ドローンを飛行させることにより，空中からの映像を撮影できる。

3 (1) ウ (2) ア (3) イ (4) オ
(5) エ

《解説》(3)多様な情報にアクセスできたり，AIを活用した多言語翻訳システムで言葉の壁を低くしたりすることにより，観光客が地方に出かけやすくなる。また，行政サービスに関する情報が提供できるようになると，日本語が理解できない人にとっても定住しやすくなり，社会に取り込むことが期待できる。

4 エ

《解説》アは，自動運転車と交通事故について述べたものである。イは，AIへの労働力が代替されることを述べたものである。ウは，アルゴリズムの偏見について述べたものである。オは，プライバシー保護について述べたものである。

02 知的活動の変化 (p.4)

1 (1) カ (2) ク (3) ア (4) キ
(5) イ (6) エ (7) ウ (8) オ

2 (1) イ (2) エ (3) ケ (4) カ
(5) コ (6) キ

3 (1) イ，ウ，カ (2) ア，エ，オ

《解説》(1)5Gは超高速通信，多数同時接続超低遅延通信，という特徴がある。
(2)LPWAは，低消費電力で長時間稼働でき広域の通信に対応した情報技術である。

4 (1) ア (2) イ (3) イ (4) ウ
(5) ウ (6) ア

《解説》(1)検査画像を認識させることによりがん細胞の発見率を高めることができる。
(2)会議中の発言を音声認識することにより議事録を作成できる。
(3)機械音のような音の認識も音声認識である。
(4)(5)作曲や小説の執筆は創作活動にあたる。
(6)客の動きや商品の動きを画像認識することにより実現できる。

5 ア，エ，オ，カ

《解説》アは，特定の人種の社会的な地位と過去の犯罪件数との関係を考慮せず，学習データとして与えることによるものであり，アルゴリズムの偏見に当たる。エは，トルコ語には3人称に性別の区別はないが，doctorは男性の職業，nurseは女性の職業という偏見に基づいて，翻訳した文の主語をheとsheの訳語を当てていることが偏見に当たる。オは，学習データに特定の人種の画像しか与えていないことから，笑顔として判定されない現象が生じている。好感度を生む笑顔が認識されないことで，差別的な事象が生じる可能性がある。カは，過去の差別的な人事データを学習に与えている可能性があり，アルゴリズムの偏見の可能性を確認することが必要である。

03 X－Techによる社会の変化 (p.6)

1 (1) オ (2) ト (3) キ (4) ソ
(5) カ (6) タ (7) ア (8) チ
(9) イ (10) サ (11) エ (12) シ
(13) ケ (14) セ (15) ク (16) テ
(17) コ (18) ス

2 (1) エ (2) カ (3) オ (4) イ
(5) ア (6) ウ

《解説》(1)のターゲッティング広告とは，広告内容に合わせて広告を送り届けるターゲットを決めて送信する広告である。(2)商品を売るためにICTを用いてマーケティング活動を

する仕組みである。(3)paymentは支払いという意味である。(4)lendingは，貸す「lend」から作られた用語である。(5)fundingは資金調達のことである。(6)アドバイスにＡＩを用いたものである。

3 ウ

《解説》ウの学習は，学習者が行うものではなく，ＡＩが学習するものであり，EdTechには当たらない。

---

04 情報セキュリティ (p.8)

1 (1) サ (2) イ (3) キ (4) オ
(5) ケ (6) ス (7) ア (8) コ
(9) エ (10) カ

2 (1) イ (2) イ (3) ア (4) ウ
(5) ア (6) イ (7) ウ (8) ウ
(9) ア

《解説》(1)電子署名により，データの送信者がもつ秘密鍵と受信者がもつ公開鍵が組になっている。データを改竄しようとする者は，秘密鍵をもっていないため，公開鍵に対応する秘密鍵を使って要約文を暗号化することができない。

(2)変更記録が残っていることから，改変されても発見することができる。

(3)データを保管しているエリアへの立ち入り制限により，特定の人物だけに限定して情報にアクセスできるようになる。

(4)バックアップが残っていることにより，情報の破損等が生じても修復して利用することができる。

(5)ユーザを認証することにより，情報の利用を正規の利用者に限定できる。

(6)改竄検知サービスにより，完全性を保つことができる。

(7)災害時には情報にアクセスできなくなる可能性が高いが，速やかな復旧が期待できる。

(8)不慮の事故等が発生した場合，予備サーバに切り替えることにより，継続して情報にアクセスすることができる。

(9)ファイルやフォルダに対して閲覧・編集・実行権限を設定することにより，特定の人だけに限定して利用させることができる。

3 イ，ウ，オ

《解説》VLANは仮想的ともいえる論理的な

グループを作って運用するものであり，物理的な接続によるものではない。また，ポート単位でアクセス制御を行うものであることから，エは該当しない。

4 ア，ウ，カ

《解説》ブロックチェーンはＰ２Ｐ方式でデータを共有することから，イは該当しない。また，暗号化をしているのではなく，元に戻すことができないハッシュ値を利用していることから，エは該当しない。そのハッシュ値は，データを改竄するとまったく異なる値となることから，改竄した場合には判明してしまうため，オは該当しない。

---

05 クラウドサービスの利用 (p.10)

1 (1) ウ (2) ア (3) ク (4) コ
(5) カ (6) イ (7) エ (8) オ

2 (1) クラウド (2) オンプレミス
(3) クラウド (4) クラウド

3 (1) IaaS (2) IaaS
(3) PaaS (4) PaaS
(5) SaaS (6) IaaS
(7) SaaS (8) SaaS
(9) PaaS

《解説》(2)はハードウェア部分を利用状況に合わせて活用しているので，IaaSに当たる。PaaSでは，開発環境まで提供されており，プログラミング言語もその環境内のものとなることから，(3)はPaaSである。SaaSでは，アプリケーションが提供され，その設定以外の変更はできないことから，(5)はSaaSに当たる。

4 イ，オ，カ，キ

《解説》他の人からアクセスされないようにするためには，クラウドに限らずＩＤやパスワードの管理などが重要となり，アは適切ではない。また，二段階認証も機密性を保つためには有効な方法であることから，利用できる場合には積極的に活用することが望ましく，ウは適切でない。エは，クラウドにアクセスするためのネットワーク，外部にあるクラウドサーバが関係することから，個人で用いるコンピュータ以上に情報セキュリティ対策が求められることから適切ではない。

06　法と制度の整備 (p.12)

1 (1) ア (2) イ (3) ア

2 ウ

《解説》「著作物に表現された思想または感情の享受を目的としない利用」に当たるのは，機械学習などコンピュータでデータを分析する場合などが当たる。一般的な利用については，従来通り著作権を保護する考え方をもつことが重要である。

3 (1) ア (2) オ (3) エ (4) イ
(5) ア (6) ウ (7) イ

《解説》他の法律と混同しやすいが，ウイルスの作成を禁じているのは刑法である。

4 個人識別符号　エ，ケ
要配慮個人情報　イ，オ，コ

5 (1) 実施手順 (2) 基本方針
(3) 対策基準

《解説》組織としての基本方針，具体的な規則としての対策基準，さらに具体的な手順を示した実施手順の3つの階層で構成されている。

07 / 08　メディアとさまざまなコンテンツ コミュニケーションの多様化 (p.14)

1 (1) ソ (2) ウ (3) ク (4) セ
(5) シ (6) エ (7) ス (8) ケ
(9) カ

2 (1) イ (2) ア (3) ウ (4) キ
(5) カ (6) コ (7) ク

3 イ，エ，オ，カ

《解説》ソーシャルメディアには，毎日情報を発信する義務はないので，適切な利用を心がけることが必要である。また，連絡手段にもなり得るが，相手とのコミュニケーションでは配慮が必要である。

09　コンテンツの制作 (p.16)

1 (1) オ (2) ケ (3) ア (4) キ
(5) ウ (6) ク (7) エ (8) コ
(9) イ (10) カ

2 イ，エ

《解説》ブレーンストーミングは柔軟な発想で多くのアイデアを出し，多面的な見方をして新たな発想を生み出す手法であることから，原則に当てはまるかどうかを考える。

3 イ → エ → ア → ウ

《解説》KJ法は，情報の種類ごとに少しずつ大きなまとまりになるように分類して，全体の関係性を整理する手法である。

4 (1) エ (2) イ (3) ウ (4) オ
(5) ア

5 (1) ウ (2) イ (3) ア

第1章　章末問題 (p.18)

1 (1) ① エ ② ア ③ オ ④ ク
⑤ キ ⑥ コ
(2) ① エ ② イ ③ ウ

《解説》(2)の①は個人を匿名化している匿名加工情報である。②は健康分野での情報技術の活用を行うHealthTechに当たる。③は金融分野での情報技術の活用を行うFinTechに当たる。

2 (1) ① 実施手順 ② 対策基準
③ 基本方針
(2) ① 完全性 ② 可用性

《解説》①は具体的な手順を示した実施手順に当たり，情報を二重化して内容に誤りがない状態を保つ手順である。②はネットワークの信頼性の確保についての具体的な規則を示した対策基準であり，必要時に中断することなく情報にアクセスできるようにするための手順を示したものである。③は情報セキュリティを確保するために組織として教育や訓練の機会を整備することを示す基本方針となっている。

3 (1) ① エ ② ア ③ ウ ④ オ
⑤ イ
(2) ④→②→①→③→⑤

第2章　データサイエンス

01 / 02　データサイエンスと社会 データの収集 (p.20)

1 (1) ウ (2) イ (3) エ (4) ア

2 ア，イ，エ

《解説》ウ データの整理と変換では，外れ値

や欠損値の処理を前処理として行う。オ データの分析過程は，しばしば探索的となり，データ分析の一連の流れが繰り返される（探索的データ分析）。

3 (1)ア，ウ，オ，カ (2)イ，エ，キ，ク
4 (1)イ (2)エ (3)ア (4)ウ
5 ア，イ，エ，キ，ク
6 ウ，エ，オ

《解説》ア 第三者が実験や調査を行い収集したデータを利用することも多く行われる。イ 第三者が収集したデータであっても個人情報の扱いには十分に留意する必要がある。カ データの収集方法や内容，公開元などの検証を行い，データの信憑性を確認する必要がある。

03　データの整理と変換 (p.22)

1 ア，ウ
《解説》イ 店舗IDを店舗名にする必要はない。エ 商品IDに企業名を含める必要はない。オ 数的処理をするため漢数字表記である必要はない。
2 ア，ウ，エ
《解説》イ 商品IDと単価の列を対象に検索する。
3 イ，ウ，オ
《解説》ア 欠損値や外れ値の発生パターンを十分理解した上で適切な処理を行う必要がある。エ データの観測値の四分位点を元に外れ値の上限値と下限値を決定できる。
4 (1) D1: =QUARTILE.INC(A1:A9,1),
D2: =QUARTILE.INC(A1:A9,3)
(2) D3: =D2-D1
(3) D4: =D1-1.5*D3, D5: =D2+1.5*D3
(4) ①: A1 < D$4　②: A1 > D$5（①と②は順不同）
《解説》四分位範囲IQRは第3四分位(Q3)-第1四分位(Q1)。上限値はQ3+1.5IQR，下限値はQ1-1.5IQR。

04　データの分析と可視化 (p.24)

1 (1) 1 (2) 3 (3) 5 (4) 3 (5) 1
2 (1) ク (2) カ (3) イ (4) オ (5) キ

---

(6) エ (7) ア (8) ウ
3 (1) ① 10 ② 2 ③ 6 ④ 4
⑤ 7
(2) 3
4 ア，イ，カ
《解説》ウ 正の相関では一方の変数の増加につれて他方の変数も増加する。エ 相関係数は-1から1の範囲にある。オ 変数間に相関関係があることは，必ずしもそれらに因果関係があることにはならない。
5 (1) ① ウ ② イ ③ ア
(2) ① イ ② ア ③ ウ

05　統計的推測 (p.26)

1 (1) 5 (2) 50 (3) 1600 (4) 2000
2 (1) 50 (2) 2000
3 (1) 2.5 (2) 含まれている (3) 55.52
(4) 含まれている (5) 以下でない
(6) 42.64 (7) 以上でない
4 (1) 小さくない (2) 棄却できない
(3) 小さい (4) 棄却できる
《解説》**3** では $\bar{x}-d=-5.52<\mu=0$ であるので，$\mu=0$ は95%の信頼区間に含まれている。これは，**4** の(1)でp値が0.05より小さくないことに対応している。一方，$\bar{x}-e=7.36>\mu=0$ なので，$\mu=0$ は$\bar{x}-e$ 以上にはならない。これは，**4** の(3)でp値が0.05より小さいことに対応している。したがって，$\mu=0$ という帰無仮説は，有意水準5%の両側検定では棄却できず，有意水準5%の片側検定では棄却できる。片側検定では，練習によって記録が延びるという想定のもとで，この標本より極端な場合も含めて，5%未満のまれな事象が起きたと考える。

06　機械学習の概要 (p.28)

1 (1) エ (2) ア (3) オ (4) イ (5) ウ
(6) カ
2 (1) ア (2) イ (3) ア
3 ア，ウ，カ
《解説》イ 一般に真の関数は未知であり，真の関数をなるべくよく近似するような関数を訓練データから学習する。エ クラスが3

つ以上ある場合は，多クラス分類と呼ばれる。
オ　モデルの学習では，未知のデータに対してもよく適合するようにする必要がある(汎化)。

4 (1) エ　(2) イ　(3) ア　(4) ウ

5 (1) ウ　(2) ア　(3) イ

07　回帰による分析 (p.30)

1 (1) ① ウ　② オ　③ ア　④ イ
⑤ カ　⑥ エ

(2) ① 3　② 13　③ 5

《解説》(1) f(x)=x であれば平均二乗誤差は
$(2-1)^2+(1-2)^2+(3-3)^2+(3-4)^2$ のように計算できる。

(3) ①C2: =A2−AVERAGE(A$2−A$5)
②D2: =B2−AVERAGE(B$2−B$5)
③E2: =C2*C2
④F2: =C2*D2
⑤G2: =SUM(F2:F5)/SUM(E2:E5),
　H2: =AVERAGE(B2:B5)−
G2*AVERAGE(A2:A5)

(6) w_1:0.5，w_0:1

《解説》AVERAGE(範囲)は，範囲の平均値を計算する関数。SUM(範囲)は，範囲の合計値を計算する関数。

2 (1) イ　(2) ア　(3) ウ　(4) エ

08　分類による分析 (p.32)

1 B4: =1/(1+EXP(−($B1*B3+$B2)))

2 (1) 分類　(2) 確率　(3) シグモイド関数

3 (1) オ　(2) ウ　(3) エ　(4) ア　(5) イ

4 (1) ウ　(2) オ　(3) イ　(4) エ　(5) ア

5 ① イ　② エ　③ オ　④ ア　⑤ ウ

09　クラスタリングによる分析 (p.34)

1 (1) イ　(2) ウ　(3) ア

2 イ，エ，オ，カ

《解説》ア　階層化クラスタリングでは，任意の数のクラスタを抽出することができる。ウ　最短距離法は，データの外れ値の影響を受けやすい。

3 (1) ウ　(2) ア

《解説》最短距離法を用いると，AとB，CとD，{A, B}と{C, D}，{A, B, C, D}とEの順番に併合する。

4 イ，オ，カ

《解説》ア　任意の数の特徴量(変数)のデータに適用できる。ウ　初期の中心点の選び方によって異なるクラスタリング結果となることがある。エ　互いになるべく距離が離れた中心点を選択するのがよい。

10　評価と意思決定 (p.36)

1 (1) イ　(2) ア　(3) エ　(4) ウ

2 (1) イ　(2) エ　(3) ア　(4) ウ

3 ア，ウ，カ

《解説》イ　モデルの複雑性を増やすと訓練データに対する誤差は減少する。エ　次数が大きいほどモデルが複雑になり過学習が起こりやすくなる。オ　訓練データだけでなく検証データやテストデータを用いてモデルの性能を評価し，適切なモデルを選択する必要がある。

4 エ

5 (1) エ　(2) ア　(3) イ　(4) カ
(5) オ　(6) ウ

第2章　章末問題 (p.38)

1 ア，エ

《解説》イ　データサイエンティストの役割として倫理的な問題への対応も含まれる。ウ　データ分析による価値創造では，データ分析によって得られた知見を根拠として意思決定を行う。

2 ウ

3 (1) イ　(2) エ　(3) ウ　(4) ア

4 (1) オ　(2) エ　(3) イ　(4) カ
(5) ア　(6) ウ　(7) 5

《解説》多項式回帰モデルの次数が5の時，検証データ誤差が最小となっている。次数が大きくなると検証データが増加しモデルの過学習が起こっている。

5 (1) イ　(2) エ　(3) ウ　(4) ア
(5) ④

《解説》④が損失関数を最小にするようなパラメータとなっている。実際は，このようなパラメータを最急降下法などのアルゴリズムにより求めることになる。

第3章 プログラミング言語

01　JavaScriptの基礎(1)　(p.40)

1 (1) 42　(2) 24　(3) 59

2 順次構造 … イ　選択構造 … ア
反復構造 … ウ

3 (1) 数値の入力　(2) 入力　(3) 代入
(4) 以下　(5) 未満
《解説》条件に等号が含まれるか否かで判定基準が異なるので，注意が必要である。

4 (1) a　(2) triple　(3) a　(4) x
(5) y　(6) 戻り値　(7) b
《解説》関数を用いる場合，仮引数と実引数の関係，戻り値が何になっているかなどに気を付ける。

5 (1) text　(2) output

01　JavaScriptの基礎(2)　(p.42)

1 (1) 0　(2) 5　(3) i++（またはi=i+1）
(4) s+a　(5) s
《解説》変数sは合計を記憶するための変数である。変数iは値を入力する回数を記憶し，0から数え始めている。

2 (1) a.length　(2) i++（またはi=i+1）
(3) a[i] % 2　(4) a[i]
《解説》配列のすべての要素に対して処理を行う場合には，反復構造を用いる。この時，添字が0から始まることと，データの個数がlengthを用いて得られることを利用する。また，奇数であるか偶数であるかの判定は，2で割った時の余りを用いて行う。

3 (1) 10　(2) a[i-2] + a[i-1]　(3) a[i]
《解説》求めている値の列は，フィボナッチ数列と呼ばれるものである。2つ前の要素はa[i-2]，1つ前の要素はa[i-1]で得ることができる。

4 (1) b＊b－4＊a＊c　(2) D

(3) discriminant　(4) ＞0
(5) else if　(6) else
《解説》関数discriminantにより2次関数の判別式の値を求める。数学では$D=b^2-4ac$と表現されるが，プログラム中では掛け算を表す「＊」は省略することができないことに注意する。また，場合分けに用いる「if」「else」「else if」の書き方にも注意が必要である。

5 (1) button　(2) greeting()
(3) Number　(4) display　(5) a<11
(6) innerHTML　(7) a<18
《解説》HTML要素を操作するため，id要素での指定と取得が必要となる。また，ボタンをクリックした時に動作させる関数をonclickで指定することにも留意する。

02　Pythonの基礎(1)　(p.44)

1 (1) math　(2) log

2 (1) (a+b)＊h/2　(2) r＊r＊math.PI
(3) (b/a)＊＊0.5 と -(b/a)＊＊0.5
(4) (b/a)＊＊(1/3)
(5) (a//(2＊＊n))%2

3 (1) def trapezoid(r):
　　　　return (a+b)＊h/2
(2) def heron(x,y,z):
　　　　s = (x+y+z)/2
　　　　return (s＊
　　　　(s-x)＊(s-y)＊
　　　　(s-z))＊＊0.5

4 (1) y　(2) z　(3) x
(4) x　(5) z　(6) y

5 (1) y>=x and y>=z
(2) y＊＊2==x＊＊2+z＊＊2

02　Pythonの基礎(2)　(p.46)

1 (1) [2.0, 3.0, 4.0]
(2) [3.0, 3.25, 3.5,
　　3.75, 4.0, 4.25,
　　4.5]
(3) []
(4) 以下のようなエラーが報告される。
　　IndexError:
　　list index out of range

2 (1) 0　(2) h[i]+1
(3) [0, 2, 2, 4, 2, 3, 1, 1, 2, 3]
3 (1) {1:2, 3:1, 4:1, 5:1}
(2) {'apple':1, 'pen':3}

02　Pythonの基礎(3)

1 (1)　それぞれ，西暦年，月(1〜12)，日
(1〜13)を値とする。
(2)　月曜日を0として，曜日を表す0〜6が
返る。
2 (1)　read_analog(self):
(2)　month
(3)　34-(m-8)＊4
3 (1)　FieldStorage:
(2)　__init__(self):
(3)　getvalue(self, key):
4 (1)　list(self):
(2)　list(self,a):

03　Pythonのモジュール(1)
(p.50)

1 (1)　2　(2)　2　(3)　5　(4)　5
(5)　26　(6)　50
《解説》　arange関数により任意の開始値，
終了値，刻み幅を指定して配列を作成できる。
配列のreshapeメソッドにより配列の形状
を変換できる。ここでは(5,5)の二次元配列
に変換している。
2 (1)　-2　(2)　0.1　(3)　a＊aまたはa＊＊2
(4)　np.exp(-b)
《解説》　配列と配列の算術演算は配列の要素
ごとの算術演算をした新たな配列を返す。
NumPyのユニバーサル関数を使うと，配列
の要素ごとに関数の操作を適用した新たな配
列を返す。ここでは関数np.expを適用して
いる。
3 (1)　scatter(a, c)　(2)　show()
《解説》　pyplotモジュールのscatter関数を
用いて散布図を描画できる。
4 (1)　(1)　np.exp(-a＊＊2)またはnp.exp(-a
＊a)
(2)　(1)　input　(2)　gaussian(input)
(3)　label　(4)　title　(5)　xlabel
(6)　ylabel　(7)　grid　(8)　legend()

《解説》　pyplotモジュールのplot関数を用
いて点を線で結んだ線グラフを描画できる。
線グラフを描画する際に点を増やすことで任
意の曲線グラフを描画できる。グラフは，タ
イトル，軸のラベル，グリッド，凡例などと
合わせて描画できる。

03　Pythonのモジュール(2)
(p.52)

1 (1)　(1)　read_csv　(2)　'G7_population.
csv'　(3)　'utf-8'
(2)　(1)　7　(2)　4
《解説》　read_csv関数を用いて，CSVファ
イルを読み込んで，シリーズやデータフレー
ムのオブジェクトを作成できる。
2 (1)　(1)　df['地域'] == 'アジア'
(2)　(1)　df['地域'] == 'ヨーロッパ'
(2)　df['高齢化率'] >= 20 ((1)と(2)は順不同)
《解説》　データフレームの列と条件を合わせ
て添字として指定することで，条件に合致し
た行を抽出できる。条件とブール演算子を組
み合わせて複数の条件を作ることもできる。
3 (1)　0:1　(2)　['国名', '高齢化率']
《解説》　0から始まる行の位置をスライスと
して指定することで任意の行を抽出できる。
列名の文字列をリストで添字として指定する
ことで，リスト内の列を抽出できる。
4 (1)　df['総人口']　(2)　df['高齢化率']
《解説》　列名を文字列で添字として指定する
ことで，その列を抽出できる。

第3章　章末問題
(p.54)

1 (1)　s = 0
(2)　x%i == 0
(3)　return s
(4)　[]
(5)　0
(6)　b[j] < x
(7)　j = j + 1
(8)　x
(9)　b[j]
(10)　return c
2 (1)　1-(f(w0,w1,x))
(2)　f(w0,w1,x)

(3)　a[k] + b[k]
(4)　a[k]
(5)　b[k]
(6)　np
(7)　-(w0+w1＊s0)
(8)　-(w0+w1＊s1

第4章　情報システム

01 社会の中の情報システム
02 情報システムの分類
(p.56)

1 (1) × (2) × (3) ○ (4) ×
《解説》(1)サービスを要求する側がクライアントで，サービスを提供する側がサーバである。(2)対等な関係はピアツーピアシステムである。(4)クライアントサーバシステムは分散処理システムである。

2 (1)　ストリーミングサーバ
(2)　Webサーバ (3)　ファイルサーバ
(4)　アプリケーションサーバ
(5)　データベースサーバ (6)　FTPサーバ
(7)　メールサーバ (8)　プリントサーバ

3 (1)　ウ (2)　エ (3)オ (4)　80時間
(5)　20時間 (6)　80%
《解説》(4)稼働時間の合計 = 100 + 80 + 60 = 240，稼働回数 = 3，MTBF = 稼働時間の合計÷稼働回数 = 240÷3 = 80時間
(5)修理時間の合計 = 10 + 20 + 30 = 60時間，故障回数 = 3，
MTTR = 修理時間の合計÷故障回数 = 60÷3 = 20時間
(6)稼働率 = 稼働時間の合計÷総時間
　= 稼働時間の合計÷(稼働時間の合計+修理時間の合計) = 240÷(240 + 60)
= 240÷300 = 0.8　∴ 80%
別解
稼働率 = MTBF÷(MTBF + MTTR)
= 80÷(80 + 20) = 80÷100 = 0.8
∴ 80%

03 情報システムの開発
(p.58)

1 (1)　エ (2)　ア (3)　ウ (4)　イ
《解説》教科書p.116の側注のV字モデルに

おいて，総合テスト(システムテスト)は外部設計に対応したテストであり，結合テストは内部設計に対応したテストである。

2 (1)　キ (2)　ウ (3)　ウ
《解説》(1)すべての命令数は「if M<= 0」，「X = 1」，「if N <= 0」，「Y = 1」の4つである。

「if M<= 0」が実行される時に，テストデータ(M = 0，N = 0)のうちの「M = 0」は真(Yes)になり，「X = 1」が実行される。また，「if N <= 0」が実行される時に，テストデータのうちの「N = 0」は真(Yes)になり，「Y = 1」が実行される。以上から，テストデータよって実行される命令数は4つになる。したがってテストデータが(M = 0，N = 0)の場合の「命令を網羅する率A」は，以下のようになる。

A = (テストよって実行される命令数÷すべての命令数)×100 = (4÷4)×100=100%
(2)「if M <= 0」による分岐数(経路数)は，「Yes」と「No」の2つである。また，「if N <= 0」による分岐数(経路数)も「Yes」と「No」の2つである。したがって，分岐によるすべての経路数は4つになる。

テストデータの(M = 0，N = 0)のうちの「M = 0」は，「if M <= 0」による「Yes」，「No」の2つの分岐のうちの「Yes」の経路を通過する。同様に，テストデータの(M = 0，N = 0)のうちの「N = 0」は，「if N <= 0」による「Yes」，「No」の2つの経路のうちの「Yes」の経路を通過する。以上から，テストデータの(M = 0，N = 0)は，合計で2つの経路を通過することになる。したがって，テストデータが(M = 0，N = 0)の場合の「分岐を網羅する率B」は，以下のようになる。

B = (テストよって通過する経路の数÷分岐によるすべての経路数)×100 = (2÷4)×100 = 50%
(3)追加するテストデータの(M = 1，N = 1)のうちの「M = 1」は，「if M <= 0」による「Yes」，「No」の2つの分岐のうちの「No」の経路を通過する。同様に，追加するテストデータの(M = 1，N = 1)のうちの「N = 1」は，「if N <= 0」による「Yes」，「No」の2つの経路数のうちの「No」の経路を通過する。

以上から，前問のテストデータ(M = 0，N = 0)に加えて，追加するテストデータを

（M＝1，N＝1）とした場合の通過する経路の数は4つになる。したがって，テストデータが（M＝0，N＝0）と（M＝1，N＝1）の場合の「分岐を網羅する率B」は，以下のようになる。
B＝（テストよって通過する経路の数÷分岐によるすべての経路数）×100＝（4÷4）×100＝100%

04　設計手法　(p.60)

1 (1)エ (2) イ (3) キ (4) ウ (5) ア
(6) カ (7) オ
《解説》(5)料金の投入完了信号が出力され，かつボタンを押したときに商品の種類の信号が出る。
2 (1) 出力なし (2) 累計100円
(3) 商品 (4) 累計0円 (5) 出力なし
(6) 累計100円 (7) 商品と釣銭50円
(8) 累計0円 (9) 出力なし
(10) 累計0円 (11) 出力なし
(12) 累計50円 (13) s＝100
(14) s＝0 (15) s＝0
《解説》(13)の「s＝100」は遷移先の状態である「累計100円」の累計金額を，(14)の「s＝0」は遷移先の状態である「累計0円」の累計金額を，(15) の「s＝0」は遷移先の状態である「累計0円」の累計金額をそれぞれ表している。

05　Webシステムの仕組み　(p.62)

1 (1) ウ (2) エ (3) オ (4) ア
(5) イ (6) カ
2 (1) 192.168.0.10 (2) cgi-bin
(3) prog.py (4) 更新
(5) コイン1は{0}，コイン2は{1}，{2}です
(6) x == 1 and y == 1 (7) x, y, z
《解説》(1)WebサーバのIPアドレスになる。192.168.0.10:80でもよいが，ポート番号が80の場合は，ポート番号を省略することができる。
(6)両方とも1の場合だけ「あたり」になるため，「and」演算子を用いる。
(7)x は{0}，y は{1}，z は{2}に対応する。

06　データの送受信の方法　(p.64)

1 (1) POST (2) GET (3) GET
(4) POST (5) GET (6) GET
(7) POST
2 (1) × (2) ○ (3) × (4) ○
《解説》(1)submitボタンをクリックすると，テキストボックスやラジオボタンに入力された値をサーバに送信することができる。
(3)複数の属性は半角スペースで区切って記述する。
3 (1) localhostまたは127.0.0.1，localhost:80や127.0.0.1:80でもよい。
(2) cgi-bin (3) tax.py
(4) "text" (5) "price" (6) "tax"
(7) "計算" (8) 'price' (9) 'tax'
(10) 1+float(b)/100 (11) '税込', c, '円'
《解説》(1) ローカルホストのIPアドレスは，127.0.0.1 または localhost である。ポート番号が80の場合はポート番号を省略できる。(4)～(9)の引用符はシングルクォーテーションとダブルクォーテーションのどちらでもよいが，教科書では，HTMLの属性値にはダブルクォーテーションを使用し，Python プログラム内の文字列はシングルクォーテーションを使っている。(11) 税込金額 ＝ 税抜金額×（1 ＋ 税率/100）

07　Web API　(p.66)

1 (1) × (2) × (3) ○
《解説》(1)JSON 形式の文字列は，プログラムで扱うためには辞書型に変換する必要がある。
(2)JSON 形式のキーや文字列の値は，ダブルクォーテーションで囲まなければならない。
2 (1) aとb (2) c
《解説》(2)JSON 形式のキーや文字列の値は，ダブルクォーテーションで囲まなければならないため，変数dは不適である。
3 (1) × (2) × (3) ○ (4) ×
《解説》(1)HTTP通信が可能な環境であれば，Webブラウザに限らずどのような環境からも Web API にアクセスが可能である。
(2)Web API は Web上で公開されている情報や機能の一部を呼び出して利用するサービ

スである。

(4)レスポンスとして返ってくるデータは JSON形式の文字列であるものが多い。

4 (1) address['address1']

(2) address['address2']

(3) address['address3']

(4) requests

《解説》辞書名['キー名']により，辞書の要素を参照することができる。

---

08 ファイル操作 (p.68)

1 (1) × (2) × (3) × (4) ○

《解説》(1)ファイル名で指定したファイルが存在しない場合は，新規にファイルが作成される。

(2)Shift-JISは，国内仕様の文字コードであるため，利用できるシステムが限られる。

(3)with構文を使うと，close処理を省略することができる。

2 (1) ウ

《解説》(1)書き込み時と読み取り時の文字コードが異なる場合は，エラーになる。

3 (1) オ (2) イ (3) ア (4) ク

《解説》(1)「おはよう」と「こんにちは」の間にある改行文字¥nも1文字と見なされる。

(2)readline()は1行分のデータを読み込む。

(3)read()はすべてのデータを読み込む。

(4)配列(リスト)であるtextをprintで表示すると，改行文字¥nも表示される。

---

09 データベースの操作 (p.70)

1 (1) エ (2) ウ (3) イ (4) オ

(5) ア

2 (1) ('佐藤', 16, '野球')

(2) ('鈴木', 18, '水泳')

(3) ('山下', 17, '演劇')

《解説》(1)~(3)excecuteメソッドのパラメータはタプル(一次元配列)で指定し，executemanyメソッドのパラメータはタプルのリスト(二次元配列)で指定する。excecuteメソッドを使うと複数回の実行が必要になるが，executemanyメソッドを使うと1回の実行で済む。

---

3 (1) （名前コード） (2) （備品コード）

(3) （名前コード） (4) 名簿表（名前コード）

(5) （備品コード） (6) 備品表（備品コード）

(7) 貸出表.貸出日 (8) 備品表

(9) 貸出表.名前コード

(10) 貸出表.備品コード (11) AND

(12) OR (13) >=20230701

《解説》複数の条件のどちらも満たすSELECT文は以下のようになる。

SELECT 列名1, 列名2,…… FROM 表名 WHERE 列名 比較演算子 条件値 AND 列名 比較演算子 条件値;

また，複数の条件のどちらかを満たすSELECT文は以下のようになる。

SELECT 列名1, 列名2,…… FROM 表名 WHERE 列名 比較演算子 条件値 OR 列名 比較演算子 条件値;

比較演算子には=, >, <, >=, <=, <>がある。

「名簿表.名前コード」と「貸出表.名前コード」，「貸出表.備品コード」と「備品表.備品コード」は「=」を使って結合させる。また，これらはどちらも満たす必要があるため，「AND」で指定する。したがって，(9)と(10)の間，および(11)は「AND」にする。

貸出日は「20230430以前」または「20230701以降」であるため，「OR」にする。

---

10 計測・制御システム (p.72)

1 (1) 5/1023 (2) -0.01 (3) 2.2

(4) -500/1023 (5) 220 (6) 1.96

(7) 24

《解説》(2)直線は右下がりになっているため，負の傾きになる。

2 (1) 192.168.0.10 (2) device.py

(3) {'sens': str(val)} (4) 'sens' (5) cont

(6) r

《解説》(1)ポート番号が80であるため，「192.168.0.10:80」でもよい。

第4章 章末問題 (p.74)

1 (1) ア (2) カ (3) ア (4) ク

(5) ア (6) キ (7) イ (8) ケ (9) カ

(10) エ (11) ク (12) オ (13) キ
(14) エ (15) ケ (16) ウ

2 (1) 'r' (2) d[n] (3) 192.168.0.15
(4) output.py (5) {'key': n}
(6) res.text

《解説》(3) WebサーバのIPアドレスを指定する。(6)レスポンスの内容はresではなく，res.textである。

PJ プロジェクト編

PJ01 素数を用いた暗号化
(p.76)

1 (1) 4819 (2) 780
(3) ① 781 ② 11 ③ 71
(4) ① 65 ② (65＊＊11)%4819
③ 4397
(5) ① (4397＊＊71)%4819 ② 65
③ 公開鍵暗号方式

《解説》一つひとつ手順にしたがって値を求める式を作っていく。

2 (1) ① P ＊ Q
(2) ② (n＊L+1) % e
③ (n＊L+1) // e
(3) ④ (m ＊＊ e) % n
⑤ (c ＊＊ d) % n

《解説》1のそれぞれの手順をプログラムにしたものである。Eの値を11に固定する場合には，nL+1のnの値を1ずつ増やして，引数eで割り切れるときの商を秘密鍵とする。

PJ02 動画の字幕作成
(p.78)

1 (1) 1080Pで撮影した場合の例
横 1920ピクセル
縦 1080ピクセル
(2) ① title ② h1 ③ video
④ canvas ⑤ 960 ⑥ 540
⑦ input

《解説》HTMLのタグの部分で，①はページのタイトル，②は見出し，③は動画，④はキャンバス，⑤はボタンを作成するためのものである。⑤，⑥ではWebページ上に表示するキャンバスの幅と高さを指定する。

(3) ① getElementById
② getContext ③ show
④ 1920 ⑤ 1080 ⑥ length
⑦ start ⑧ end ⑨ col1
⑩ col2 ⑪ size ⑫ txt
(④，⑤は(1)の値を用いる)

《解説》①はHTMLでidタグがvdとなっているものを取得する。②により，キャンバスへの操作を行うことができる。③は定期的に呼び出す関数を指定する。④，⑤では元の動画の大きさを指定する。⑥は字幕として指定している要素の数を指定し，すべての字幕情報を調べる。変数startには字幕の表示を開始する時刻，変数endには字幕の表示を終了する時刻，変数col1には文字色，変数col2には輪郭色，変数txtには表示する文字が代入される。これらを当てはまる場所に入れることにより，字幕を表示することができる。

PJ03 統計データの収集と整理
(p.80)

1 ① df['65歳以上人口']＊100/df['総人口']
② hist ③ df['高齢化率'] ④ 15

《解説》 pyplotモジュールのhist関数を用いてヒストグラムを描画できる。

2 ① describe() ② mean() ③ std()

《解説》 describeメソッドを用いてデータの記述統計を表示することができる。

3 ① df['総人口'] >= df['総人口'].mean()
② df['高齢化率'] <= df['高齢化率'].mean()
(①と②は順不同)

《解説》 meanメソッドは指定されたデータフレームの列の値の平均値を返す。

4 ① sort_values ② df['高齢化率']
③ False ④ 秋田県 ⑤ 山形県

《解説》 sort_valuesメソッドは指定されたデータフレームの列の値に基づいて行を並び替えたデータフレームを返す。

5 ① scatter ② df['総人口']
③ df['高齢化率']

PJ04 地域別統計データの回帰分析 (p.82)

1 ① quantile ② q3 - q1 ③ loc
④ df[c] < lower ⑤ df[c] > upper
(④と⑤は順不同)
《解説》 quatileメソッドは指定されたデータフレームの列について，引数で指定された分位数を返す。

2 ① '総人口' ② '高齢化率'
③ LinearRegression() ④ fit
《解説》 LinearRegressionクラスは線形回帰モデルのクラス。fitメソッドでデータからモデルのパラメータを学習する。

3 ① PolynomialFeatures ② 4
③ fit_transform ④ fit
《解説》 PolynomialFeaturesクラスのfit_transformメソッドにより，指定した次数の多項式特徴量を生成する。

4 ① predict ② fit_transform
《解説》 LinearRegressionクラスのpredictメソッドにより，学習したモデルを用いて予測を行う。

PJ05 手書き数字画像の認識 (p.84)

1 ①train_test_split ② LogisticRegression
③ fit ④ predict ⑤ predict_proba
⑥ y_test ⑦ y_pred
(⑥と⑦は順不同)
《解説》 train_test_split関数はデータを指定した割合で訓練データとテストデータに分割する。LogisticRegressionクラスはロジスティック回帰モデルのクラス。predict_probメソッドでラベルの種類ごとの確率を予測する。

2 ① y_test[i] != y_pred[i]
② y_test[i] ③ y_pred[i]
④ pred_prob[i] ⑤ X_test[i,:] ⑥ 8
⑦ 8
《解説》 手書き数字画像データを(8,8)の形状の2次元配列に変換し，画像として描画している。

PJ06 都道府県のクラスタリング (p.86)

1 ① values ② mean ③ std
《解説》 values属性により，データフレームから配列を作成する。

2 ① linkage ② 'average' ③ dendrogram
④ 3.8
《解説》 cluster.hierarchyモジュールのlinekage関数により階層化クラスタリングを行う。dendrogram関数により階層化クラスタリングの結果をデンドログラムとして可視化する。

3 ① KMeans ② 8 ③ fit ④ predict
⑤ loc ⑥ imshow
《解説》 KMeansクラスのfitメソッドにより，K-means法によるクラスタリングを行う。predictメソッドにより，各データのクラスタのラベルを取得する。

PJ07 電子掲示板システム (p.88)

1 (1) ポート番号を80に設定してWebサーバを起動しようとした時に，Webサーバが起動しない場合は，ポート番号80が他で使用されている可能性がある。このような場合はポート番号80を使用している他のアプリケーションを停止するか，ポート番号を8000や8080など使用されていないポート番号に変更する。

ポートの使用状況を確認するには，コマンドプロンプトを起動して以下のコマンドを入力する。ここで「調べたいポート番号」を80にすると，ポート番号が80のポートの使用状況を確認することができる。

`netstat -nao | findstr 調べたいポート番号`

p.88の図1の例では，左から2列目のローカルアドレスのポート番号が「80」になっているアプリケーションのPID（OSが使用する識別番号）は，右端に表示される「3348」であることがわかる。

また，スタートボタンを右クリックし，「タスクマネージャ」をクリックしてタスクマネージャを起動し，「詳細」タブをクリックすると，実行中のアプリケーションのファイル名とそのPIDの一覧を表示することができ

る。

　そこで，ポート番号80を使用しているアプリケーションを停止するには，タスクマネージャの「詳細」タブに表示されるPIDの中から，netstatコマンドで調べたPID（p.88の図1の例では3348）と同じPIDを探し，該当するPIDの上で右クリックして，「タスクの終了」，「プロセスの終了」の順にクリックすればよい。

(2)教科書p.124のように，ポート番号が80の場合には，「IPアドレス:80」は，ポート番号を省略して「IPアドレス」として指定することができるので，ポート番号にはなるべく80を設定するほうがよい。

2 図3のsearch.pyを実行して表示されるパス名が，例えば，「C:¥pg¥Python38」になったとすると，図4の自動実行ファイルserver.batの内容は以下のようにすればよい。

　　　C:¥pg¥Python38¥python.exe server.py

　PythonやAnacondaをインストールする際にパスを設定すれば，自動実行ファイルを図2のようにすることができるので，インストールする際にはなるべくパスの設定をしたほうがよい。

3 ここで調査したIPアドレスが「6　電子掲示板システムの稼働」の(3)でWebブラウザのアドレス欄に入力するIPアドレスになる。

4 ここで作成したtest.pyが「5　Webサーバの動作確認」の(3)で正常に実行されると，Webブラウザに「Webサーバの動作確認」が表示される。

5 ドキュメントルートはrootでなくても任意の名称を付けることができ，デスクトップなど，PC内の任意の場所に配置することができる。

6 Webサーバの起動方法は，教科書の裏見返し**4**〜**6**ページのように自動実行ファイル（server.bat）を用いる方法のほか，コマンドライン（コマンドプロンプト）を使って起動する方法や，ファイルの関連付けを行って実行する方法，http.serverを直接起動する方法などがあるが，自動実行ファイルを用いる方法が簡便である。

PJ08　データベースシステム
(p.90)

1 server.pyの稼働方法については，PJ07の電子掲示板システムと同じであるため，p.88〜p.89を参照のこと。

2 WebサーバのIPアドレスは，「1　Webサーバの準備」で調査したWebサーバのIPアドレスになる。

3 (3) zipファイルを解凍すると，sqlite3.exeの他に2つのデータベースの差分を調べるsqldiff.exe，データベースの分析レポートを表示するsqlite3_analyzer.exeが含まれている。

4 「.headers ON」コマンドにより表示された列名は，「.headers OFF」コマンドにより，非表示にすることができる。

PJ09　IoTシステム
(p.92)

1 教科書p.143の図3と同じ特性をもつ温度センサは，Texas InstrumentsのLM61BIZであるが，LM61CIZも同等の特性をもつ。

2 Wi-Fiは，Wi-Fi Allianceという団体によって正常に接続されることを証明したものに対する名称である。

　Wi-Fiに対応したルータを無線LANアクセスポイントとして用いる場合は，ルータ機能を無効にしてアクセスポイントモードにする。アクセスポイントモードは，無線でつながるハブとして動作させるモードである。

3 ポート番号が80以外のポートを使用する場合は，「WebサーバのIPアドレス」は，「WebサーバのIPアドレス:ポート番号」にする。

4 server.pyの稼働方法については，PJ07の電子掲示板システムと同じであるため，p.88〜p.89を参照のこと。

PJ10　情報社会の課題
(p.94)

1 (1) 企業（法人）
(2) 少ない
(3) いえない
(4) いえない

(5) 考えている

(6) (5)

2 (1) 平成30年の通常の改正

(2) 平成30年のTPPによる改正

(3) 平成30年のTPPによる改正

(4) 令和2年の改正

(5) 令和3年の改正

3 (1) 約40%（2021年11月）

ほか略